Wichtig ist, dass wir uns unaufhörlich selbst hinterfragen.

Albert Einstein

Danielle und Olivier Föllmi

Die Weisheit des Abendlandes Tag für Tag

Mit einem Vorwort von Enzo Bianchi und unter Mitarbeit von Céline Anger

Aus dem Französischen von Maike und Stephan Schuhmacher

Hans Christian Andersen, Aristoteles, Augustinus, Georges Bernanos, Bernhard von Clairvaux, William Blake, Niels Bohr, Emily Brontë, Italo Calvino, Ernst Cassirer, Miguel de Cervantes, Noam Chomsky, Cicero, Emil Cioran, Herman Cohen, Joseph Conrad, Dante, Charles Darwin, René Descartes, Jared Diamond, Emily Dickinson, Denis Diderot, Fjodor Dostojewski, Meister Eckhart, Umberto Eco, Albert Einstein, T. S. Eliot, Ralph Waldo Emerson, Epiktet, Erasmus, Fontenelle, Franz von Assisi, Sigmund Freud, André Gide, Johann Wolfgang Goethe, Glenn Gould, Václav Havel, Georg Friedrich Wilhelm Hegel, Heraklit, Hildegard von Bingen, Friedrich Hölderlin, Michel Houellebecq, Victor Hugo, Henrik Ibsen, Ignatius von Loyola, Karl Jaspers, Johannes Paul II., Immanuel Kant, John Keats, Søren Kierkegaard, Milan Kundera, Jean-Marie Gustave Le Clézio, Leonardo da Vinci, Primo Levi, Claude Lévi-Strauss, Franz Liszt, Martin Luther King, André Malraux, Mark Aurel, Karl Marx, Yehudi Menuhin, Mutter Teresa, Henry Miller, Montesquieu, Maria Montessori, Isaac Newton, Friedrich Nietzsche, Novalis, Érik Orsenna, Fernando Pessoa, Platon, Ezra Pound, Marcel Proust, François Rabelais, Rainer Maria Rilke, Jean-Jacques Rousseau, Nelly Sachs, Edward W. Saïd, Antoine de Saint-Exupéry, José Saramago, Arthur Schopenhauer, Seneca, William Shakespeare, Angelus Silesius, Adam Smith, Sokrates, Alexander Solschenizyn, Sophokles, Baruch de Spinoza, Stendhal, Charles Maurice de Talleyrand, Theresa von Avila, Henry David Thoreau, Virgil, Voltaire, Paul Watzlawick, H. G. Wells, Oscar Wilde, Ludwig Wittgenstein, William Wordsworth, William Butler Yeats, Maria Zambrano, Stefan Zweig und andere

KNESEBECK

Der Okzident ist das Land des *occasus*, des Sonnenuntergangs im Westen, und deshalb das Land der Hoffnung. Es ist das Abendland, vor allem der Mittelmeerraum, der die Hoffnung genährt hat. Seit Heraklit bis in die heutige Zeit klingt die Frage »Was kann ich erhoffen?« mehr als alle anderen im Herzen der Menschen des Okzidents, und mit ihr erneuert sich von Zeitalter zu Zeitalter die Suche nach Sinn, Orientierung, nach einem Selbstbild und der Zukunft.

Wir leben in einer Epoche, die im Zeichen der »Krise« und manchmal des »Endes« steht: Ende der abendländischen Zivilisation (Jacques Derrida), Ende der Moderne (Jean-François Lyotard), Ende der Christenheit (Marie-Dominique Chenu) ... Unsere Epoche ist zweifellos charakterisiert durch die Ungewissheit der Gegenwart und die Unsicherheit der Zukunft, aber die Hoffnung oder vielmehr die Hoffnungen erneuern sich immer wieder, und der Mensch ist somit gefordert, das zu erneuern, was alt erscheint, und das wieder zum Leben zu erwecken, was dem Tod nah zu sein scheint.

Ja, die Hoffnung. Sie ist weder ein stumpfer und blinder Optimismus noch eine Ideologie und noch weniger ein Vorsehungsglaube, dem zufolge alles früher oder später ein gutes Ende nehmen und in die richtige Richtung gehen wird. Diese Hoffnung ist eher eine Erwartungshaltung im Alltag, ein Vertrauen in die Menschheit, ein Gefühl, das dort entsteht, wo man vom »Ich« zum »Wir« übergeht, wo es gegenseitiges Zuhören gibt, Solidarität, Kommunikation, Dialog und daher eine Gemeinschaft der Gläubigen.

Die Hoffnung wird immer und nur aus lebendigen Beziehungen geboren, die auf ein »Wir« ausgerichtet sind, und sie kreist um das Streben, zusammen eine Gemeinschaft auf der Erde zu bilden, die durch ein besseres Miteinander gekennzeichnet ist.

Die Humanisierung – jener Weg, auf dem der Mensch seine Lebensqualität verbessert, die Erde besser bewohnt und mit allen Geschöpfen und dem ganzen Kosmos auf solidarische und bewusste Weise zusammenlebt – hängt viel von den Hoffnungen ab, welche die Menschen zu hegen vermögen: »Allen Widrigkeiten zum Trotz hoffen« ist ihre wahre Stärke.

Der Pilger, der Nomade und der Fremde sind besonders darin geübt zu hoffen, denn derjenige, der sich auf dem Weg und auf der Suche befindet, verspürt in sich den Ruf zu einer tiefen Innerlichkeit. Es gibt tatsächlich in jedem von uns eine Stimme, die uns wie im Apollo-Tempel zu Delphi zuruft: *Gnothi seautón*, »Erkenne dich selbst!«, eine Stimme, die uns mahnt: *Lech lecka*, »Gehe zu dir selbst«, wie Gott Abraham ermahnt hat. Um auf diesem Weg der Humanisierung Erfolg zu haben, muss man »lauschen«, ein Verb, das ebenfalls für das Abendland charakteristisch ist. Der Erde lauschen, dem Himmel lauschen, dem Meer lauschen, den Männern und Frauen lauschen, ihren Geschichten, ihren Gesichtern … Lauschen und schauen, in innerer geistiger Versenkung betrachten. Auf diese Weise entsteht das Wissen: Die Meister des Okzidents der letzten drei Jahrtausende haben gelauscht und kontempliert und von dem gesprochen, was sie gehört und gesehen haben.

Ihre Worte finden sich auf den Seiten dieses Buches, harmonisch begleitet von Fotografien: Durch diesen Band zu streifen ist, als würde man »neue« Horizonte erblicken, und sie sind für uns gerade deshalb neu, weil sie so alt sind. Neu in Bezug auf unsere tägliche Situation, neu, weil sie die Träger einer neuen Sichtweise der Dinge sind, neu, weil sie in unserem Leben Neues hervorzurufen vermögen. Alt sind sie indessen auch, denn diese Horizonte eröffneten sich seit je dem klaren Blick, dem inneren Auge, das weiter zu sehen vermag und wahrnimmt, was im Grunde die brennenden Fragen in einem selbst und in anderen sind. Die vorliegenden Seiten sind zum Großteil vom Christentum geprägt, aber nicht nur, denn die Geschichte des Abendlandes ist vielstimmig. Ihre Wurzeln gründen in der Ethik griechischer Tugenden, der Weltanschauung des Römischen Reiches und im Christentum – teils aber auch in der konfliktreichen Konfrontation mit Judentum und Islam, teils in den Spannungen oder Brüchen innerhalb der eigenen Reihen – in der Rezeption der persischen Illuminationsphilosophie und in der Moderne.

Die hier versammelten Stimmen sind Zeugnisse dieser fruchtbaren Verflechtung, welche die Hoffnung wecken kann. Als tägliches Gegenmittel gegen die Verdrängung der Innerlichkeit, als Anregung zur Formulierung einer Frage, als Augenblick des nachdenklichen Innehaltens, als Gelegenheit, Augen und Herz zu bislang undenkbaren Horizonten hin zu öffnen, verbessert dieses Buch unsere Beziehung zu unserer Erde und zu unserer Menschlichkeit. Ja, der Okzident ist die Gegend, in der die Sonne untergeht, aber das weise Herz weiß, dass kein Sonnenuntergang das Ende bedeutet, sondern immer die Morgenröte einer neuen Welt ist, neuer Männer und Frauen, anderer Erwartungshaltungen und anderer Hoffnungen: »Da ward aus Abend und Morgen der erste Tag.« (Genesis 1,5) Jeder Sonnenuntergang birgt bereits den Anfang eines neuen Tages in sich – für jeden Einzelnen von uns.

Enzo Bianchi
Italienischer Theologe, Gründer und Prior
des Klosters Bose im Piemont, Italien

Inhalt

WOHER KOMME ICH?
1. Januar bis 11. März

Der Ursprung der Zeit
Das Geheimnis macht den Menschen
Mit nur einem Fuß auf der Erde
Die Erde verstehen
Das Leben ist ein Eröffnungsgeschenk
Sich selbst und die Welt neu erschaffen
Gehe zu dir selbst
Auf der Suche nach dem Horizont
Am Anfang steht der Mut
So weit ein Mensch denken kann

WAS WEISS ICH?
12. März bis 6. Mai

Erkenne dich selbst
Ich denke, also bin ich
Wer sein Denken nicht beherrscht
Die Illusion der Wahrheit
Die richtigen Fragen stellen
Das Verlangen bringt den Gedanken hervor
Dankbarkeit und Anerkennung
Lasst die Gattung Mensch atmen

WO BIN ICH?
7. Mai bis 2. Juli

Unterschiede anerkennen
Der Respekt gegenüber dem anderen
Frieden ist der Krieg der Ideen
Keine Gesellschaft ist vollkommen
Für echte Freiheit
Das Urteil ist etwas Relatives
Menschlichkeit hat ein Synonym: Gleichheit
Seine Handlungen machen den Menschen aus

WER BIN ICH?

3. Juli bis 27. August

Unsere wahre Nationalität ist die Menschlichkeit

Ohne Besitz hat man keine Angst

Ich bin das Band, das ich mit anderen knüpfe

Oberflächliches beraubt uns des Notwendigen

Die großen Gefahren lauern in unserem Innern

Eingebunden und miteinander verbunden sein

Entfalten, sich prüfen, sich wandeln

Das Kommende liegt in unseren Händen

WOHIN GEHE ICH?

28. August bis 15. Oktober

Gehe immer weiter

Das Leben als Freudengesang

In der Lage zu sein, die Ewigkeit zu leben

Das Ferne nahe bringen

Alle Schönheit ist Beziehung

Die Stille entschlüsseln

Jenseits von Gut und Böse

WAS SOLL ICH TUN?

16. Oktober bis 3. Dezember

Es braucht liebendes Verlangen

Schönheit wird die Welt retten

Was du wissen musst

Der Zukunft entgegen

Die Harmonie von Schicksal und Gutem

Lasst den Wind erzählen

Voraussetzungen für das Glück

HOFFNUNGEN

4. Dezember bis 31. Dezember

Immer in deinem Herzen

Sich ständig neu erfinden

Das Leben zum Meisterwerk machen

Komm und werde

WOHER KOMME ICH?

1. Januar

Einst war das Alter, da Alles nicht war,
Nicht Sand noch See noch salzige Wellen,
Nicht Erde fand sich noch Überhimmel,
Gähnender Abgrund und Gras nirgends.

Edda

Fumarolen im vulkanischen Gebiet von Leirhnjukur im Norden Islands

2. Januar

Ruhig und still ward das Meer, der böse Sturm war aus und die Sintflut.

Ausschau hielt ich einen Tag lang, da war Schweigen ringsum,

Und das Menschengeschlecht war ganz zu Erde geworden!

Gleichmäßig war wie ein Dach die Aue.

Da tat ich eine Luke auf, Sonnenglut fiel aufs Antlitz mir;

Da kniete ich nieder, am Boden weinend,

Über mein Antlitz flossen die Tränen. –

Nach Ufern hielt ich Ausschau in des Meeres Bereich …

Gilgamesch-Epos

Im Nærøfjord, einem der beeindruckendsten Fjorde Norwegens

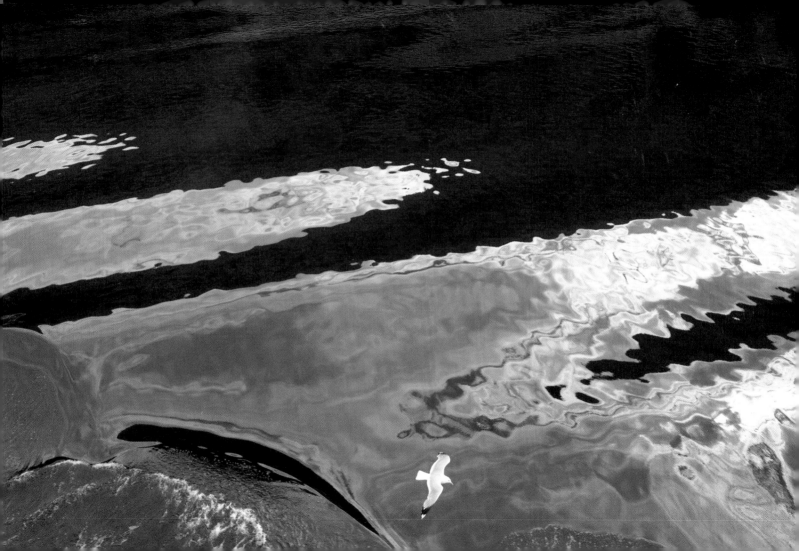

3. Januar

In dem Anfang

hoch über dem Begriff

ist stets das Wort.

Reicher Hort, in dem

stets Anfang Anfang gebar!

Meister Eckhart

Frühling in Ferreirola in Andalusien, Spanien

4. Januar

Geh und fang dir eine Sternschnuppe,
such die Alraunenwurzel mit einem Kind,
sag, wo die vergangenen Jahre abgeblieben
oder wer des Teufels Fuß gespalten hat.
Lehre mich, der Meerjungfrauen Lied zu hören,
oder wie des Neides Stachel man vermeidet,
und finde heraus,
welch günstiger Wind
einen rechtschaffenen Geist befördert.

John Donne

Die einjährige Pema, das Glück ihrer Eltern Emmanuelle und Julien, Frankreich

5. Januar

Fünf Faden tief dein Vater ruht;

Korallen wird nun sein Gebein,

Aus seinen Augen wird Perlmutt:

Was vergänglich und gemein,

ward gewandelt durch das Meer

zu Kostbarkeiten, reich und schwer.

William Shakespeare

Varmahlíd, ein isländisches Dorf, das aus einer Tankstelle, einem Hotel und einigen abgeschiedenen Bauernhöfen besteht.

6. Januar

Die einzige Heimat, o Fremder,

ist die Welt, die wir bewohnen;

ein einziges Chaos

hat all die Sterblichen geboren.

Meleagros von Gadara

Die Kirche Santa Maria del Fiore, die Kathedrale von Florenz (Il Duomo), bezaubert jedes Jahr Millionen von Besuchern. Italien
FOLGENDE DOPPELSEITE: Abenddämmerung über den französischen Voralpen

7. Januar

Nichts kann je aus dem Nichts entstehen ...
und Nichts in das Nichts wird vernichtet.

Lukrez

8. Januar

Man wird nicht als Mensch geboren, sondern zum Menschen gebildet. Erasmus von Rotterdam

Emmanuelle und Julien, seit einem Jahr Eltern, Frankreich

9. Januar

Der Horizont macht den Menschen aus: jener der Ströme und jener der Bergkämme, jener, den man sieht, und jener, den man erahnt, jener der Bodenständigkeit und jener des Traumes. Der Horizont offenbart jedem den Maßstab und die Grenze seiner Bedürfnisse und seiner Fähigkeiten. Es gibt einen Horizont, den man akzeptiert, und einen, der zurückweicht. Der eine ist fruchtlos, und er existiert. Der andere ist lediglich eine Vorstellung, und er ist fruchtbar. Der eine und der andere besitzen die Relativität des Geistes und des Augenblicks. Jean Favier

Überquerung des Gipfels von Croisse-Baulet (2236 Meter) in der Aravis-Kette, Frankreich

10. Januar

Glaubst du, es sei eine Kleinigkeit, das Leben zu erkennen?
Es ist nicht nur eine große Sache, sondern die größte überhaupt.

Bernhard von Clairvaux

Clarisse, drei Jahre alt, verspeist eine große Schale voller Müsli. Frankreich

11. Januar

Für den wirklich erwachten, den bewussten Menschen beginnt das Leben jetzt, in jedem Augenblick, in jedwedem Augenblick; es beginnt in dem Moment, da ihm bewusst wird, dass er an einem großen Ganzen teilhat; durch dieses Bewusstsein wird er ganz er selbst. Durch das Erkennen seiner Grenzen und Bedingungen entdeckt er das ewige Ich, das von nun an in völliger Freiheit, völliger Disziplin und in Gehorsam die Entwicklung zulässt. Henry Miller

Die Olivenfelder in der Gegend von Cazorla in Andalusien sind die Frucht der Arbeit zahlreicher Generationen. Spanien

12. Januar

Ehre gebührt deiner jugendlichen Beherztheit, o Kind!
So greift man nach den Sternen!

Virgil

Rie Rose, sechs Jahre alt, in den Ferien in Skagen, im Norden Dänemarks

13. Januar

Man muss mit dem Anfang beginnen.
Und der Anfang von allem ist der Mut.

Vladimir Jankélévitch

Assisi, Geburtsort und Todesstätte von Franz von Assisi, dem Gründer des Franziskanerordens, der im Jahre 1228 kanonisiert wurde. Italien
FOLGENDE DOPPELSEITE: In Nordfriesland versteht man es seit Jahrhunderten, das Land dank raffinierter Deiche vor den gewaltigen Gezeiten zu bewahren. Deutschland

14. Januar

Täglich geh' ich heraus und such' ein Anderes immer.

Friedrich Hölderlin

15. Januar

Mannigfache Wege gehen die Menschen. Wer sie verfolgt und vergleicht, wird wunderliche Figuren entstehen sehn; Figuren, die zu jener großen Chiffrenschrift zu gehören scheinen, die man überall, auf Flügeln, Eierschalen, in Wolken, im Schnee, in Kristallen und in Steinbildungen, auf gefrierenden Wassern, … den Lichtern des Himmels … und sonderbaren Konjunkturen des Zufalls erblickt. In ihnen ahndet man den Schlüssel dieser Wunderschrift, die Sprachlehre derselben, allein die Ahndung will sich selbst in keine festen Formen fügen, und scheint kein höherer Schlüssel werden zu wollen. Novalis

Eine Gondel, das Symbol der Stadt der Dogen, die in der Renaissance ein Zentrum von Kunst und Handel war, Italien

16. Januar

Wir sind in dem Urknall im Herzen der Sterne und in der Unermesslichkeit der siderischen Räume entstanden. Hubert Reeves

Der Stromboli, der eine Höhe von 923 Metern erreicht, steht in etwa 3000 Meter Tiefe auf dem Meeresgrund auf einer Kontinentalkruste von 18 Kilometer Stärke. Italien

17. Januar

Die Lyrik ist eine Trunkenheit, und der Mensch berauscht sich an ihr, um sich leichter mit der Welt auszutauschen. Milan Kundera

Die Kykladen-Insel Kea, Griechenland

18. Januar

Die endgültige Form einer Schneeflocke enthält die Geschichte aller atmosphärischen Bedingungen, die sie durchlaufen hat … und im Kern der Schneeflocke entdecke ich die Essenz einer Ordnung: ein feines Gleichgewicht zwischen den stabilisierenden und den destabilisierenden Kräften; eine fruchtbare Interaktion zwischen den Kräften des menschlichen und denen des atomaren Bereichs. Jean Guitton

Winterzauber im Wald, Frankreich

19. Januar

Das Leben ist das schönste Märchen. Hans Christian Andersen

Wildblumenfelder im Norden der Bretagne, Frankreich

20. Januar

Zwei Dinge erfüllen das Gemüt mit immer neuer und zunehmender Bewunderung und Ehrfurcht, je öfter und anhaltender sich das Nachdenken damit beschäftigt: Der bestirnte Himmel über mir und das moralische Gesetz in mir. Immanuel Kant

Die Nordseeküste von Nordfriesland ist ein beliebtes Gebiet für ruhige Ferien in geschützter Natur. Deutschland
FOLGENDE DOPPELSEITE: Les Drus, 3754 Meter hoch, ist ein mythischer Doppelgipfel im Mont-Blanc-Massiv. 1919 trugen Bergsteiger auf ihrem Rücken eine 13 Kilogramm schwere Statue der Madonna von Lourdes auf den Gipfel. Frankreich

21. Januar

Aufgrund seiner Ansprüche, seiner Vorstellungskraft,
mit einem Wort, seiner Hoffnung, steht das Menschenwesen
mit einem Fuß auf der Erde und mit dem anderen im Jenseits.

Armand Abécassis

22. Januar

Schönheit entsteht im Auge des Betrachters.
Aber das Auge des Betrachters entsteht in der Natur.

Hubert Reeves

Marie, 14 Monate alt, erkundet mit ihrem Vater den Berg Moléson oberhalb der Stadt Gruyères. Schweiz

23. Januar

Glückselig also ist ein Leben, welches mit seiner Natur in Einklang steht; dies aber kann uns nicht anders zuteil werden, als wenn zuerst der Geist gesund und in beständigem Besitz seiner Gesundheit ist ... Du siehst, auch ohne dass ich es hinzufüge, ein, dem müsse eine beständige Ruhe und Freiheit folgen, da alles verbannt ist, was uns entweder reizt oder schreckt. Denn an die Stelle der sinnlichen Genüsse und alles dessen, was kleinlich und hinfällig und gerade in seinen Schändlichkeiten Unheil bringend ist, tritt eine unendlich große, unerschütterliche und gleich bleibende Freude, ferner Friede und Harmonie der Seele und Größe derselben mit Sanftmut gepaart; alle Rohheit nämlich rührt aus Schwäche her. Seneca

Baumwollblüten in Landmannalaugar, einer der spektakulärsten Gegenden Islands

24. Januar

Was es im Universum an Essenziellem, Gegenwärtigem oder Fiktivem gibt, besitzt [der Mensch] zuerst im Geiste und dann in seinen Händen. Leonardo da Vinci

Chrystèle übt für ihr Konzert in den Bergen des Bauges-Massivs. Frankreich

25. Januar

Ich möchte dem dunklen Gewölbe angehören, wie ein entwaffneter Liebhaber, zum Atem der Stille auf den Schultern der Wolken werden. Ich möchte dem Schatten der Worte vom Blätterdach zuhören und die Erde in ihrem heftigen Hunger des Verlangens begreifen. Antonio Ramos Rosa

Das glühende Farbenspiel der Wälder im Herbst in der Region Gruyère, Schweiz

26. Januar

Wer bin ich? ... Unsere Antwort vermag nicht die ganze Wahrheit zu offenbaren, sondern nur ein winziges Quäntchen der Wahrheit. Der Mensch ist etwas so Reiches, so Komplexes, so Unterschiedliches und Wechselhaftes, dass es kein Wort, keinen Satz, kein Buch gibt, das ihn beschreiben und in seinem ganzen Umfang erfassen könnte. Im Menschen gibt es nichts Dauerhaftes, nichts Ewiges, nichts Absolutes. Der Mensch ist ein ständiger Wandel, ein Wandel, der sich stolz anhört, wie wir wissen! Václav Havel

Even, 25 Jahre alt, engagiert sich für den Schutz der Natur und des kulturellen Erbes Skandinaviens. Norwegen

27. Januar

Die Rose ist ohne Warum.
Sie blühet, weil sie blühet.
Sie achtet nicht ihrer selbst,
fragt nicht, ob man sie siehet.

Angelus Silesius

Der Zauber provenzalischer Dörfer, Frankreich
FOLGENDE DOPPELSEITE: Herbstnebel in den Fribourger Voralpen, Schweiz

28. Januar

Universell bedeutet: Das, was einzigartig ist, ergießt sich dennoch in alle Richtungen.

Michel Serres

29. Januar

Ist das Leben nicht ein Eröffnungsgeschenk? Paul Ricœur

Sofie, eineinhalb Jahre alt, während ihrer ersten Reise außerhalb Tschechiens

30. Januar

Es gibt keine Normen. Alle Menschen sind Ausnahmen einer Regel, die es nicht gibt.

Fernando Pessoa

Zum Reichtum Venedigs, einer westlichen Stadt mit orientalischem Einschlag, trugen Menschen aus den unterschiedlichsten Gegenden der Welt bei, die im Laufe der Jahrhunderte in ihrem sozialen und kulturellen Leben hier heimisch geworden sind. Italien

31. Januar

Unselig ist der, dessen Glück oder Vergnügen ein Ende und einen Anfang kennt.

Guigo von Castel

Geschnitztes Christusgesicht an einem Holzkreuz auf einer Passhöhe in den Dolomiten, Italien

1. Februar

Akzeptiere deine Grenzen jeglicher Art.
Die Grenze schenkt die Form, die eine Voraussetzung der Fülle ist.

Jean Guitton

Auf dem alten Treidelpfad entlang dem Canal du Midi, der das Mittelmeer über 63 Schleusen mit dem Atlantik verbindet. Frankreich

2. Februar

Im Kreis zu tanzen ist voller Zauber; der Kreis spricht zu uns aus den tausendjährigen Tiefen unseres Gedächtnisses. Milan Kundera

Gruppengebet am Fuße des Mont-Saint-Michel, wo die klösterliche Gemeinschaft von Jerusalem seit 2001 religiösen Geist wiederaufleben lässt. Frankreich

3. Februar

Als Grundregel gebe ich hier sofort meine Konzeption des außerordentlichen Menschen. Der wahre außerordentliche Mensch ist der wahre gewöhnliche Mensch. Søren Kierkegaard

Blaskapelle während der Osterfeierlichkeiten in Baeza in Andalusien, Spanien
FOLGENDE DOPPELSEITE: Im Inneren des Benediktinerklosters in der Kathedrale von Monreale auf Sizilien, Italien

4. Februar

Sein oder Nichtsein, das ist hier die Frage.

William Shakespeare

5. Februar

Und sowenig es jemanden gibt, der nicht glücklich sein möchte, gibt es jemanden, der nicht sein möchte. Denn wie könnte einer glücklich sein, wenn er ein Nichts ist? Augustinus

Brigita, 72 Jahre, in Venedig ist voller Vorfreude auf die Rückkehr in ihr Dorf in Rumänien.

6. Februar

Was ist der Sinn des Lebens?
Auf diese Frage gibt es genauso viele Anworten wie Menschen auf der Erde.
Und trotzdem ist nur eine Antwort für alle gültig: Derjenige, der wirklich das Sein
gekostet hat, weiß, ein für alle Mal, dass der Sinn des menschlichen Wesens nichts
anderes ist, als Zeuge des Göttlichen in der Existenz zu werden.

K.G. Durckheim

Das Fischerdorf Gjögv Eysturoy auf den Färöer-Inseln, einer autonomen Provinz Dänemarks

7. Februar

Man liebt es, sich zu Zeiten aufs Land, ins Gebirge, an die See zurückzuziehen. Auch du sehnst dich vielleicht dahin. Im Grunde genommen aber steckt dahinter eine große Beschränktheit. Es steht dir ja frei, zu jeglicher Stunde dich in dich selbst zurückzuziehen, und nirgends finden wir eine so friedliche und ungestörte Zuflucht als in der eignen Seele. Mark Aurel

Die achtjährige Thit Bibi in den Ferien in Skagen im Norden Dänemarks

8. Februar

Nur in der Vorstellungskraft des Menschen findet jede Wahrheit ein reales und unleugbares Dasein. Die Vorstellungskraft, nicht die Erfindung ist die höchste Meisterin der Kunst und des Lebens. Joseph Conrad

Das Treppenhaus im Inneren des Zisterzienserklosters von Stams, das zu den schönsten historischen Baudenkmälern im Barockstil in Österreich zählt.

9. Februar

Verlange nicht, dass das, was geschieht, so geschieht, wie du es dir wünschst.
Wünsche dir vielmehr, dass es geschieht, so wie es geschieht, und du wirst glücklich sein.

Epiktet

Nachmittagsschwatz auf einem Dorfplatz in der Provence, Frankreich

10. Februar

Du kannst die Zukunft nicht voraussagen, aber du kannst sie erfinden.

Jean-Marie Pelt

Der Reichstag in Berlin, Sitz des deutschen Bundestags, ist ein hervorragendes Beispiel ökologischer Architektur.

11. Februar

Der wahre Reichtum des Menschen liegt in seiner Gabe, sich selbst zu erschaffen, indem er die Welt neu erschafft. Raoul Vaneigem

Ein Fresko von Andrea Pozzo im Stil der Illusionsmalerei, das die Zentralkuppel der San-Ignazio-Kirche in Rom schmückt. Italien

12. Februar

Von nun an reichen die Worte der Reform oder der Revolution nicht mehr aus. Die einzige Aussicht auf Heil wäre eine Metamorphose. Edgar Morin

Das Maison de l'outarde d'or (Goldtrappenhaus) in Lyon aus dem 15. Jahrhundert ist ein typisches Renaissancehaus. Frankreich

13. Februar

Und gehe zu dir selbst!

Hohelied

Gitte, 27 Jahre, Mitglied mehrerer nichtstaatlicher Organisationen, die sich weltweit für das Recht auf Bildung einsetzen. Dänemark

14. Februar

Mein Gott, schenke mir den Mut, die Dinge zu ändern, die ich ändern kann, die Gelassenheit, die Dinge hinzunehmen, die ich nicht ändern kann, und die Weisheit, das eine vom anderen zu unterscheiden. Mark Aurel zugeschrieben

Das Naturschutzgebiet des Bauges-Massivs in den französischen Alpen

15. Februar

Kein Wissen, wie groß es auch sein mag, kann die Fülle der Weisheit ohne Selbsterkenntnis erreichen. Bernhard von Clairvaux

Während der Messe in der Kirche Panaghia Evanghelistria (Unserer lieben Frau der Verkündigung) auf der Insel Tinos, Griechenland

Ἐπὶ σοὶ χαίρει

Εἰς ἦχον πλ. Δ´

Ε πι σοι χαι ρει Κε χα ρι τω με νη πα
σα η κτι σις Αγ γελων το συ στη μα και αν θρω πων
το γε νος η γι α σμε νε να ε και πα ρα δει
σε λο γι κε παρ θε νι κον καυ χη μα εξ
ης Θε ος ε σαρ κω θη και παι δι ον γε γο νεν
ο προ αι ω νων υ παρ χων Θε ος η μων

Τὴν γὰρ σὴν μήτραν

Εἰς ἦχον δ´ τετράφωνον ἐκ τοῦ Κε

Νε ε Την γαρ ση
η
μη τρα
αν θρο νον

16. Februar

Du darfst nach keinerlei Veränderung für dich verlangen, wenn sie nicht dir, deinen Kenntnissen und deinem Willen entstammt. Guigo von Castel

Die Kartause La Valsainte in der Schweizer Gruyère-Region ist ein wichtiges spirituelles Zentrum des europäischen katholischen Lebens.

17. Februar

Wenn der Mensch sich über das Verlangen der Sinne erhebt, wenn der Mensch, angezogen von der Selbsterkenntnis, zu erforschen beginnt, was in seinem Inneren ist, wenn er beginnt, die Welt zu beobachten, ihr zu lauschen, nachzudenken, zu meditieren, zu interpretieren und folglich zu wählen, zu entscheiden, Gefühle und Verhaltensweisen anzunehmen, dann entwickelt sich in ihm das spirituelle Leben. Enzo Bianchi

Belem während der Karwoche in Granada, Spanien

18. Februar

Hinter deinen Gedanken und Gefühlen, mein Bruder, steht ein mächtiger Gebieter, ein unbekannter Weiser – der heißt Selbst. In deinem Leibe wohnt er, dein Leib ist er.

Friedrich Nietzsche

Der Schmuck Jennifers, die seit zehn Tagen verheiratet ist.
Frankreich

19. Februar

Das Geheimnis macht den Menschen. Italo Calvino

Die einjährige Pema, das Glück ihrer Eltern Emmanuelle und Julien, Frankreich

20. Februar

Wir sind, ich weiß nicht wie, zwiespältig in unserem Inneren,
was dazu führt, dass wir das, was wir glauben, nicht glauben,
und dass wir von dem, was wir verurteilen, nicht ablassen können.

Michel de Montaigne

Während der Pferdeschau in Saintes-Maries-de-la-Mer, Frankreich

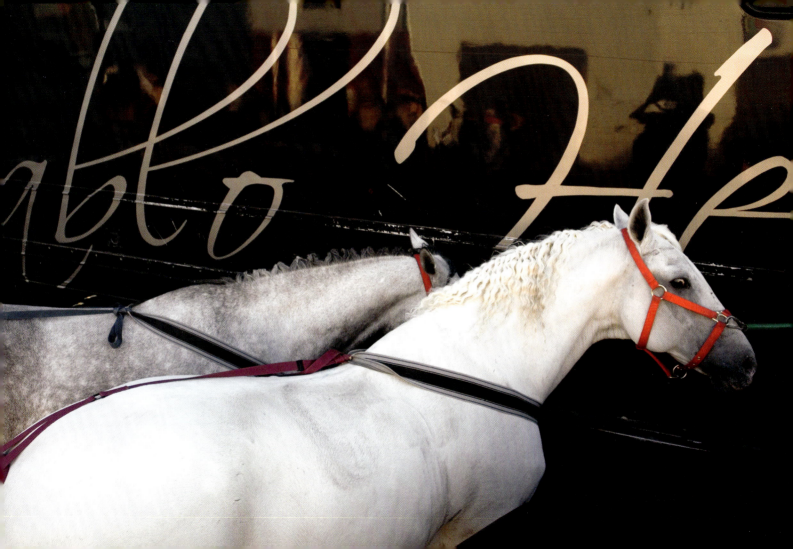

21. Februar

Man kann nichts anderes schenken als sich selbst. Simone Weil

Clarisse, drei Jahre alt, mit ihrer Puppe Sarah, Frankreich

22. Februar

Alles ist eins, und das eine ist im anderen. Blaise Pascal

Marie Constance, die auf die Geburt von Calypso in etwa einem Monat wartet. Italien

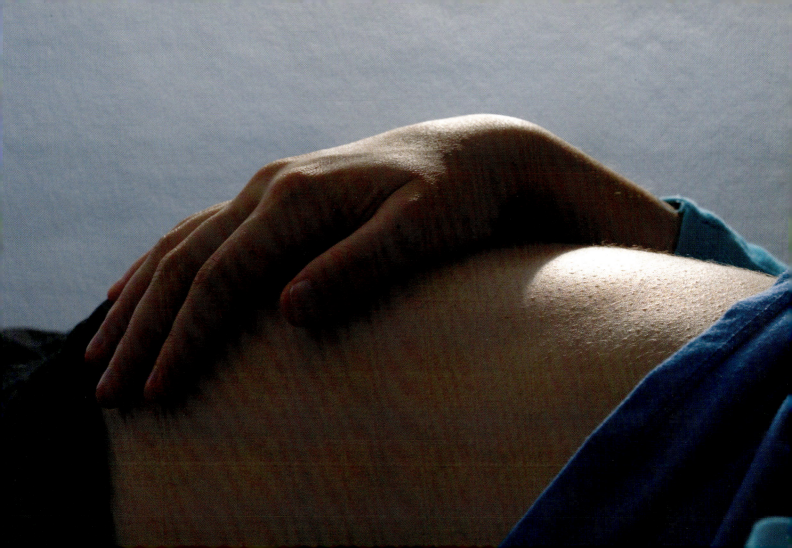

23. Februar

Um zu lieben, braucht es (zumindest ein bisschen) Verständnis.
Und wenn man liebt, versteht man den anderen. Augustinus

Sofie, eineinhalb Jahre alt, während ihrer ersten Reise außerhalb Tschechiens

24. Februar

Wir müssen lernen, wie Brüder zusammenzuleben,
sonst werden wir alle als Narren zusammen sterben.

Martin Luther King

Auf dem Friedhof eines Bergdorfes in den Alpen, wo sich im letzten Weltkrieg die französische und italienische Armee gegenüberstanden. Frankreich
FOLGENDE DOPPELSEITE: Gewitter über der Insel Syros, Griechenland

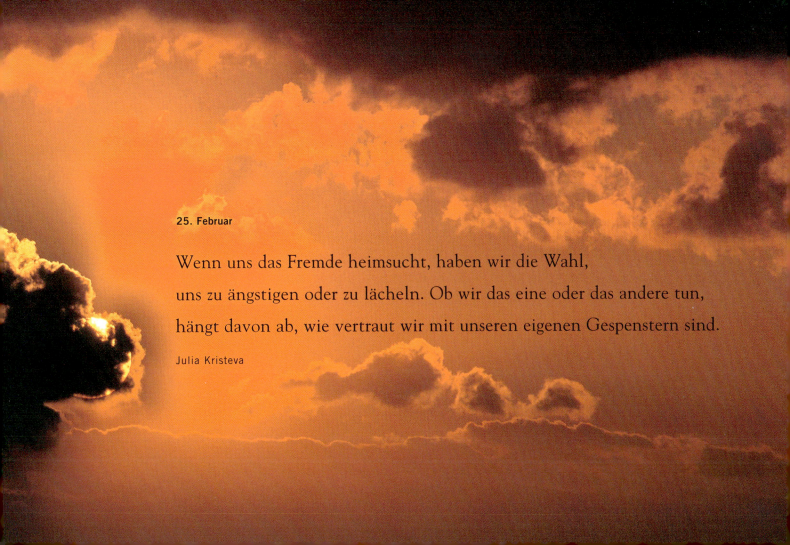

25. Februar

Wenn uns das Fremde heimsucht, haben wir die Wahl, uns zu ängstigen oder zu lächeln. Ob wir das eine oder das andere tun, hängt davon ab, wie vertraut wir mit unseren eigenen Gespenstern sind.

Julia Kristeva

26. Februar

Sie können, weil sie daran glauben, dass sie können. Virgil

Der erste Klettersteig – die Via Ferrata in den Dolomiten– wurde von italienischen Soldaten zur Überwachung der Grenze angelegt. Italien

27. Februar

Das Handwerk des Menschen, die verhängnisvolle Kunst, die jeder im Alltag ausübt, häufig ohne es zu wissen, verlangt folglich einiges an Ressourcen, eine ständige Erfindungsgabe, die sich entfaltet, um aus dem Leben einen Sieg zu machen, um seine Umstände anzunehmen ... Alexandre Jollien

Clarisse, drei Jahre alt, mangelt es nie an Fantasie, um sich ihr Leben zu erträumen. Frankreich

28. Februar

Wer ist stärker als die Hoffnung? Der Tod.
Wer ist stärker als der Wille? Der Tod.
Stärker als die Liebe? Der Tod.
Stärker als das Leben? Der Tod.
Aber wer ist stärker als der Tod?
Ich natürlich. Ted Hughes

Im Garten der Alhambra in Granada verkündet ein Vogel lauthals die Ankunft des Frühlings. Spanien

1. März

Um hier und jetzt jemand zu sein, muss man darauf verzichten, ein anderer oder woanders oder später zu sein. Vladimir Jankélévitch

Almwiesen in der Nähe von Charmey, einem ursprünglichen Bergdorf im schweizerischen Gruyère, umgeben von außergewöhnlichen Bergen

2. März

Lieben, Geben, Verzeihen, Erschaffen – diese vier Wörter bezeichnen vier Formen der Initiative, vier Formen der Unschuld: In diesen vier Formen vollführt das Bewusstsein eine nach außen gerichtete und direkte Bewegung auf den anderen oder auf das Objekt zu, eine Bewegung, die nicht zu sich selbst zurückkehrt. Vladimir Jankélévitch

In einigen Tälern von Chamonix leben noch Generationen, die nach humanistischer Tradition aufgezogen wurden. Frankreich

3. März

Was ist ein wahrer Traum?

Das ist ein Traum, der andauert.

Und wenn er andauert, hat er sich vermählt.

Vermählt mit dem Willen.

Érik Orsenna

Die mittelalterliche Festung des Schlosses von Menthon-Saint-Bernard hat Walt Disney zu seinem Dornröschen-Film inspiriert. Frankreich
FOLGENDE DOPPELSEITE: Aufstieg auf den Mont-Blanc über die Kufner-Route, Frankreich

4. März

Der Mut wächst mit dem Wagen und die Angst mit dem Zagen.

Syrus Publilius

5. März

Nichts macht mehr Sinn, als die Richtung zu wechseln. Michel Serres

Auf dem See von Bourget, Frankreich

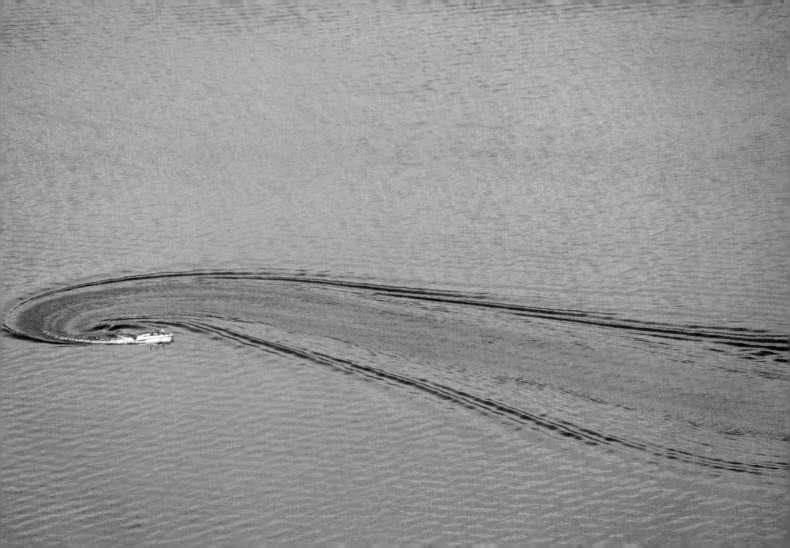

6. März

Ich versichere Ihnen, um zu leben, muss der Mensch sich von Kopf bis Fuß nicht etwa mit kleinen Ösen wappnen, sondern mit großen wachen Augen: mit Augen in den Ohren, damit er viel Falschheit und Lüge aufzudecken vermag; mit Augen auf den Händen, damit er zu sehen vermag, was er gibt und, mehr noch, was er nimmt; mit Augen auf den Armen, damit er nicht zu viel umarmt und zu sehr umklammert; mit Augen auf der Zunge, damit er viele Male erwägt, was sie sagt; mit Augen im Bauch, damit er weiß, was darin ist; mit Augen im Herzen, um zu erkennen, wen er anzieht und wer auf ihn zielt; mit Augen in den Augen, um zu erkennen, wie sie sehen; mit Augen und weiteren Augen und noch mehr Augen, so dass man es einrichtet, in einem so weit fortgeschrittenen Jahrhundert ganz Auge zu sein. Baltasar Gracián

Daniela vereint in sich den Reichtum dreier Sprachen und Kulturen.

7. März

Lasst uns vor allem und insbesondere nicht mit dem Lichte geizen.
Jegliche Reinigung beginnt mit dem weiten Öffnen der Fenster.
Öffnen wir weit unsere Intelligenz, und lüften wir unsere Seele.

Victor Hugo

Wohnhaus in Granada, einer Stadt, die im Laufe der Jahrhunderte von vielen Kulturen bereichert wurde. Spanien

8. März

Alles geht, Alles kommt zurück;
ewig rollt das Rad des Seins.
Alles stirbt, Alles blüht wieder auf,
ewig läuft das Jahr des Seins.

Friedrich Nietzsche

Ländlicher Zauber in der Toskana, Italien

9. März

Beginne damit, dich selbst zu prüfen, und noch mehr, ende damit. Du bist der Erste, und du bist auch der Letzte. Bernhard von Clairvaux

Abendstimmung in den belebten Straßen von Trastevere in Rom, Italien

10. März

Was ist dies schon angesichts der Ewigkeit?

Lateinische Redewendung

Aufstiegsspuren im Mont-Blanc-Massiv, Frankreich
FOLGENDE DOPPELSEITE: Der See von Blöndulón im Norden Islands

11. März

Ich wollte tief leben, alles Mark des Lebens aussaugen ...
um alles, was nicht Leben war, davonzujagen. Henry David Thoreau

12. März

Die Freiheit beginnt, wo die Unwissenheit endet. Victor Hugo

Naturwissenschaftlicher Unterricht in einer Klosterschule auf der Insel Patmos, Griechenland

13. März

Überall habe ich das Glück gesucht, aber es nirgendwo gefunden, es sei denn in einer kleinen Ecke mit einem Büchlein. Thomas von Kempen

Die einjährige Pema erforscht ihr erstes Buch. Frankreich

14. März

Es wird niemand zum Menschen, der nicht zuerst zu einer tiefen Selbsterfahrung gekommen ist, in der er sich über sich selbst klar wird, sich ein eigenes Urteil bildet und so auf gewisse Weise seine Bestimmung und sein Leben in die Hand nimmt. Giacomo Leopardi

Venedig, die um 568 gegründete Stadt der Dogen, war acht Jahrhunderte lang (von 1001 bis 1797) die Hauptstadt eines der renommiertesten Staaten Europas: der Republik Venedig. Italien

15. März

Wissenschaft ohne Gewissen ist der Ruin der Seele. François Rabelais

Pater Thomas in der größten Klosterbibliothek der Welt in der Benediktinerabtei von Admont, die sowohl kostbare als auch seltene Bücher beherbergt. Österreich

16. März

Erziehung ist die Feindin der Weisheit, denn sie macht eine Menge Dinge nötig, deren wir uns, um weise sein zu können, entledigen müssen. Luigi Pirandello

In den Gärten des Palazzo Farnese in Rom: eine Zusammenstellung von antiken Stücken und Abdrücken, die der neapolitanische Künstler Antonio Cipolla um 1860 fertigte. Italien

17. März

Erkenne dich selbst.

Sokrates

Alexandre, 35 Jahre, Rechtsanwalt und Sportmanager, Schweiz
FOLGENDE DOPPELSEITE: Die Fjorde Grönlands in der Gegend von Maniitsoq

18. März

Gewaltiger und friedvoller Wind der Bibliothek des Meeres.
Wo ich mich ausruhen kann. Thomas Tranströmer

19. März

Ich denke, also bin ich.

René Descartes

In Krakau während der Trauerfeier zum Tod von Papst Johannes Paul II., die vor mehr als einer Million Menschen abgehalten wurde. Polen

20. März

Wir lernen die Alphabete und können doch keine Bäume lesen.
Die Eichen sind Romane, die Kiefern Grammatiken, die Weinstöcke Psalmen,
die Kletterpflanzen Sprichwörter, die Tannen Plädoyers, die Zypressen Anklagen,
der Rosmarin ist ein Lied und der Lorbeer eine Prophezeiung. Erri de Luca

Die sienesische Hügellandschaft in der Toskana, wo man den Agrartourismus entwickelt hat für Menschen, die ein besseres Verhältnis zur Natur suchen. Italien

21. März

Besäßen wir ein echtes Erziehungssystem, gäbe es Kurse in intellektueller Selbstverteidigung.

Noam Chomsky

Die Trikots eines Sportclubs, über einer Gasse von Neapel zum Trocknen aufgehängt, Italien

22. März

Erwachsen zu werden heißt, im Zweifel zu leben lernen und durch Erfahrung seine eigene Philosophie, seine eigene Moral zu entwickeln. Hubert Reeves

Edwige, Italien

23. März

Bedenkt, dass alle die Wunder, Objekte eurer Studien, das Werk von mehreren Generationen sind, ein kollektives Werk, das von allen eine begeisternde Anstrengung und eine gewisse Mühe erforderte. All dies wird in euren Händen zum Erbe. Ihr bekommt es, ihr respektiert es, ihr vergrößert es, und später übertragt ihr es treu an eure Nachkommenschaft. So sind wir Sterbliche Unsterbliche, weil wir zusammen Werke schaffen, die uns überleben. Albert Einstein

Die Gärten der Abtei von Fontenay, eines der ältesten Zisterzienserklöster Europas und ein Meisterwerk romanischer Baukunst, Frankreich

24. März

Ich weiß, dass ich nichts weiß.

Sokrates

An den Abhängen des Vulkans Hnausapollur auf Island

25. März

»Sapere aude! Habe Mut, dich deines eigenen Verstandes zu bedienen!« ist also der Wahlspruch der Aufklärung.

Immanuel Kant

Ermoúpolis, größte Stadt auf der Insel Syros, wo der erste Streik in der Geschichte Griechenlands ausbrach.

26. März

Wo ist das LEBEN, das wir beim Leben verloren haben?

Wo ist die Weisheit, die wir an das Wissen verloren haben?

Wo ist das Wissen, das wir an die Information verloren haben?

T. S. Eliot

Die Freude, seinen Durst einfach am Dorfbrunnen löschen zu können, Frankreich

27. März

Alles, was die Kulturentwicklung fördert, arbeitet auch gegen den Krieg. Sigmund Freud

In Charmey werden beim Almabtrieb Bergbauern, Senner und Tiere, die nach einem Sommer harter Arbeit vom Berg herabkommen, gewürdigt. Schweiz

28. März

Wir schreiten durch Probleme voran und nicht durch Siege, weit mehr durch Scheitern und Aufholen als durch Überholen. Michel Serres

In Venedig, das in den letzten Jahrzehnten immer wieder den Ausnahmezustand ausrufen musste. Sollte seiner Geburt aus dem Wasser nach so vielen Jahrhunderten des Kampfes gegen das Meer bald sein Untergang folgen? Italien

29. März

Die Verantwortung, Konflikte zu vermeiden, obliegt den Politikern; diejenige, einen dauerhaften Frieden zu begründen, den Pädagogen. Maria Montessori

Chrystèle hat drei Jahre Erziehungsurlaub genommen, um ihre dreijährige Tochter Clarisse die wichtigsten Dinge zu lehren. Frankreich

30. März

Der Mensch hat viele Fortschritte vollbracht, um anderen Menschen helfen zu können, aber auch die Dummheit kann Fortschritte machen … All die wissenschaftlichen Revolutionen, die unsere Vorstellungen von der Materie, der Zeit, der Fortpflanzung oder dem Leben verändert haben, nützen uns nichts, wenn so viel Wissen immer nur zu Gewalt, zu Krieg und zu Hunger in der Welt führt. Balthus

Der Dettifoss auf Island ist der mächtigste Wasserfall Europas.

31. März

Wer sein Denken nicht beherrscht, beherrscht auch nicht sein Verhalten. Victor Hugo

Die Highland Games, die traditionellen sportlichen Wettkämpfe Schottlands, sind mehr als 900 Jahre alt. Großbritannien
FOLGENDE DOPPELSEITE: Pappeln säumen eine Straße. Frankreich

1. April

Der Fanatismus ist blind, er macht taub und blind …
Der Fanatiker hat keine Fragen, er kennt keinen Zweifel:
Er weiß, er denkt, dass er weiß. Elie Wiesel

2. April

Was weiß ich? Michel de Montaigne

Eingangstür zu den Thermen von Aix-les-Bains, die den reichen Prunk vergangener Zeiten tragen. Frankreich

UX D'AIX LES BAINS
BAIX
ERMES NATIONAUX

3. April

Zwei Übertreibungen: die Vernunft ausschließen, nur die Vernunft zulassen. Blaise Pascal

Im Dorf Lefkes auf der Insel Paros, Griechenland

4. April

Die Subjektivität ist die Wahrheit; die Subjektivität ist die Realität. Søren Kierkegaard

Der nüchterne Fensterschmuck einer 91-jährigen Dame in der Bretagne, Frankreich

5. April

Wenn man glaubt, die Wahrheit zu besitzen, muss man wissen, dass man glaubt, und nicht glauben, dass man weiß. Jules Lequier

Der Vogelpark von Saintes-Maries-de-la-Mer in der Camargue ist eine Zwischenstation zahlreicher Zugvögel. Frankreich

6. April

Die Wahrheit ist eine Illusion, und die Illusion ist eine Wahrheit. Rémy de Gourmont

Ein Manifest des städtischen Surrealismus ist das Werk »Georges V« des Künstlers und Kunststoffspezialisten Pierre Delavie, der sich damit beschäftigt, die Realität zu verzerren. Frankreich

7. April

Man muss nicht die ganze Wahrheit sagen,
aber man sollte nur die Wahrheit sagen.

Jules Renard

Die Dolomiten, bekannt für ihre schwierigen Bergrouten sowie als Sprachgrenze zwischen Deutsch und Italienisch, gehören zu den schönsten Orten für Kletterer und Wanderer. Italien
FOLGENDE DOPPELSEITE: Die Camargue, ein Feuchtgebiet, ist eines der wichtigsten Überwinterungsquartiere für Zugvögel. Frankreich

8. April

Um wirklich wahr zu sein, muss das Wahre kommunizierbar sein ... Wir sind nur was wir sind durch die Gemeinschaft des bewussten, gegenseitigen Verstehens. Karl Jaspers

9. April

Die wirkliche Sprache ist nichts anderes als der Nachhall der Stille. Max Picard

Bernard, ein begeisterter Skiwanderer, steigt mit Tourenskiern im Maurienne-Gebiet auf. Frankreich

10. April

Die Hölle ist dort, wo es kein Warum gibt. Nach Primo Levi

Im Konzentrationslager Auschwitz passierten die Gefangenen ein Portal mit der zynischen Aufschrift »Arbeit macht frei«. Polen

11. April

Denn da der Menschen Herz stets auf der Lauer nach Neuem liegt, gemäß der Sterne Licht, War nie die Wirkung der Vernunft von Dauer. Dante

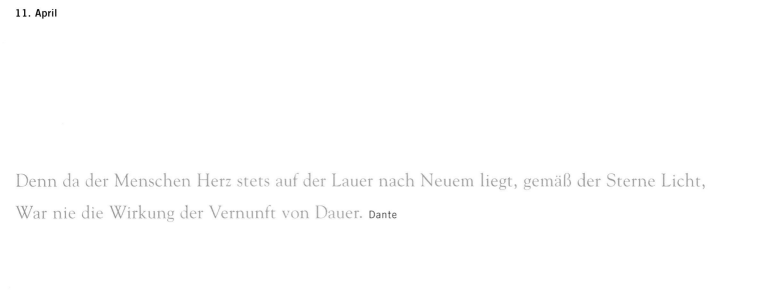

Die Mühlen von Kinderdijk stehen für den Kampf Hollands gegen das Meer. Niederlande

12. April

Ein Gelehrter ist nicht derjenige, der die richtigen Antworten gibt, sondern derjenige, der die richtigen Fragen stellt. Claude Lévi-Strauss

Vater Nicodimos, 85 Jahre, im Sankt-Johannes-Kloster auf der griechischen Insel Patmos, das vor mehr als tausend Jahren gegründet wurde.

13. April

Der Glaube ist eine Schau jener Dinge, die man nicht sehen kann. Jean Calvin

Die Basilika von Fourvière in Lyon, Frankreich

14. April

Liebe die Wahrheit, aber verzeihe den Fehler. Voltaire

Im kleinen Fischerhafen von Naoussa auf der Insel Paros, die zur Inselgruppe der Kykladen gehört. Griechenland
FOLGENDE DOPPELSEITE: Auf ihrem grasbewachsenen Felsvorsprung überragt die Kirche von Vik den nordatlantischen Ozean. Island

15. April

Gewöhne deinen Verstand an den Zweifel
und dein Herz an die Verträglichkeit.

Georg Christoph Lichtenberg

16. April

Merke Er sich, Freund Sancho, dass dieses Abenteuer und andre ähnlicher Art keine Insuln-, sondern Kreuzwegs-Abenteuer sind … Miguel de Cervantes

Richtungsschilder auf Grönland

17. April

Die Geheimnisse der Lebenspfade darf und kann man nicht offenbaren; es gibt Steine des Anstoßes, über die ein jeder Wanderer stolpern muss. Der Poet aber deutet auf die Stelle hin.

Johann Wolfgang Goethe

Wanderer im Nationalpark Pilat, Frankreich

18. April

Die Paradoxe führen zur Wahrheit. Um zu erkennen, welchen Wert die Realität besitzt, muss man sie auf dem Seil tanzen sehen. Wenn die Wahrheiten zu Akrobaten werden, können wir ein Urteil über sie fällen. Oscar Wilde

Bei den religiösen Prozessionen während der Osterwoche sind die Nazarenos in das Gewand ihrer Bruderschaft gekleidet und tragen spitze Kapuzen, um die Anonymität der Büßer zu wahren. Spanien

19. April

Was ich am Reisen liebe, ist das Erstaunen bei der Rückkehr. Stendhal

Der Jachthafen von Edam in der Provinz Nordholland, einer Stadt, die dank des gleichnamigen Käses international bekannt ist. Niederlande

20. April

Das Verlangen bringt den Gedanken hervor. Plotin

Zurück aus der Schule in Thônes, zeichnet die fünfjährige Lana stolz ihrer Mutter auf, was sie dort gelernt hat. Frankreich

21. April

Die einzig wahre Reise, der einzige Jungbrunnen, das hieße nicht, neue Landschaften zu besichtigen, sondern andere Augen zu haben, das Universum mit den Augen eines anderen zu sehen, von Hundert anderen, die hundert Universen zu sehen, die jeder von ihnen sieht, die jeder von ihnen ist … wir flögen wirklich von Stern zu Stern. Marcel Proust

Das Kunsthaus Tacheles im Herzen Berlins ist eines der Symbole der Gegenkultur. Deutschland

22. April

Der gerade und der gewundene Weg sind ein und derselbe Weg. Heraklit

Mäandernder Bach zwischen kurzem Gras am Plan du Lac im Naturpark La Vanoise, Frankreich

23. April

In diesem Raum des Zweifels bin ich häufig einer Art Abgesandtem des Schicksals begegnet, der mir einen geeigneten Weg wies, oder gar einem Fährmann, der die Ufer verbindet, welche den Niedergang einer Suche und einen Neubeginn markieren. Pierre Rabhi

Die *Signora del Vento* (Dame des Windes), ein Schiff mit 17 Segeln, während eines Zwischenstopps in Syrakus auf Sizilien, Italien

24. April

Tatsächlich ist es gewöhnlich nicht die Fülle der Wissenschaft, sondern der innere Sinn und Geschmack der Dinge, die das Verlangen der Seele befriedigen. Ignatius von Loyola

Wandfresko am Haus des tragischen Dichters in Pompeji, Italien

25. April

Aus dieser Situation der Existenz in der Zeit folgt erstens, dass, wenn Wahrheit an Kommunikation gebunden ist, die Wahrheit selbst nur werdend sein kann, dass sie in ihrer Tiefe nicht dogmatisch, sondern kommunikativ ist. Karl Jaspers

Trauer und tiefe Bewegung während der Trauerfeier anlässlich des Todes von Papst Johannes Paul II., die vor mehr als einer Million Menschen in Krakau abgehalten wurde. Polen

Wenn man schreibt ... bedeutet das, dass man ein anderes Mittel der Reaktion benutzt, eine andere Art der Kommunikation, einen Abstand, eine Zeit der Reflexion.

Jean-Marie Gustave Le Clézio

27. April

Würde ich alle Mysterien kennen, so lehrt uns der Apostel, besäße ich alles Wissen … doch besäße ich keine Liebe, so wäre ich nichts. Franz von Assisi

In Charmey werden beim Almabtrieb Bergbauern, Senner und Tiere, die nach einem Sommer harter Arbeit vom Berg herabkommen, gewürdigt. Schweiz

28. April

Wir sind wie Zwerge, die auf den Schultern von Riesen sitzen, so dass wir mehr und entferntere Dinge sehen können, als es die letzteren taten. Und das tun wir nicht, weil unser Sehvermögen besser wäre oder unsere Größe vorteilhafter, sondern weil wir durch die große Statur der Riesen getragen und erhöht werden. Bernhard von Chartres

Im Museo dell'Opera del Duomo in Siena, in das man die farbigen Kirchenfenster der Kathedrale, ein Werk von Duccio di Buoninsegna (1255–1319), verlegt hat. Italien

29. April

Nichts ist dringender als die Hauptsache.

Édouard Glissant

Die Natur in ihrer ganzen Anmut auf einer Almwiese im Juni, Frankreich

30. April

Die Welt ist nicht nur in alle Richtungen des Raumes unendlich, sondern auch in ihren Wahrheiten. René Barjavel

Landmannalaugar, eine der spektakulärsten Gegenden Islands

1. Mai

Was groß ist am Menschen, das ist, dass er eine Brücke und kein Zweck ist: was geliebt werden kann am Menschen, das ist, dass er ein *Übergang* und ein *Untergang* ist. Friedrich Nietzsche

Die junge Fotografin Varunee läuft, um ein schönes Foto zu erhaschen. Island

2. Mai

Schnell, schnell, ihr Denker. Lasst die Gattung Mensch atmen.
Vergießt die Hoffnung, vergießt das Ideal, und macht es gut.

Victor Hugo

Aksel, ein junger Grönländer aus Maniitsoq

3. Mai

All derer überdrüssig, die mir mit Wörtern kommen, mit Wörtern, aber nicht mit Rede, bin ich auf die schneebedeckte Insel gefahren. Die Unbezähmbare hat keine Wörter. Ihre weißen Seiten breiten sich nach allen Richtungen aus! Ich stoße im Schnee auf die Spuren eines Hirsches. Keine Wörter, aber eine Rede. Thomas Tranströmer

Winterzauber auf dem Land, Frankreich

4. Mai

Ich bewohne die Wohnstatt des Möglichen,

Sie hat mehr Türen und Fenster als die Wohnstatt der Vernunft.

Emily Dickinson

Die kleine Kirche Andros auf der Insel Tinos, Griechenland

5. Mai

Man wird aller Dinge überdrüssig, nur nicht des Verstehens. Virgil

Juliette, 32 Jahre, eine auf Arbeitsrecht spezialisierte Juristin, Schweiz

6. Mai

Des Punktes Berg
besteige ohne Werk,
Vernünftigkeit!

Meister Eckhart

Der Lac d'Annecy ist für seine Schönheit berühmt. Frankreich

7. Mai

Es ist gut, etwas über die Sitten und Gebräuche verschiedener Völker zu wissen, damit man die unsrigen auf gesündere Weise beurteilen kann, und dass wir nicht glaubten, dass alles, was gegen unsere Eigenarten sei, lächerlich und gegen jegliche Vernunft wäre, wie es Brauch bei jenen ist, die nichts von der Welt gesehen haben. René Descartes

Ein Viertel in Granada, das die Einflüsse aller Kulturen in sich aufgenommen hat, die im Laufe der Jahrhunderte hier heimisch waren. Spanien

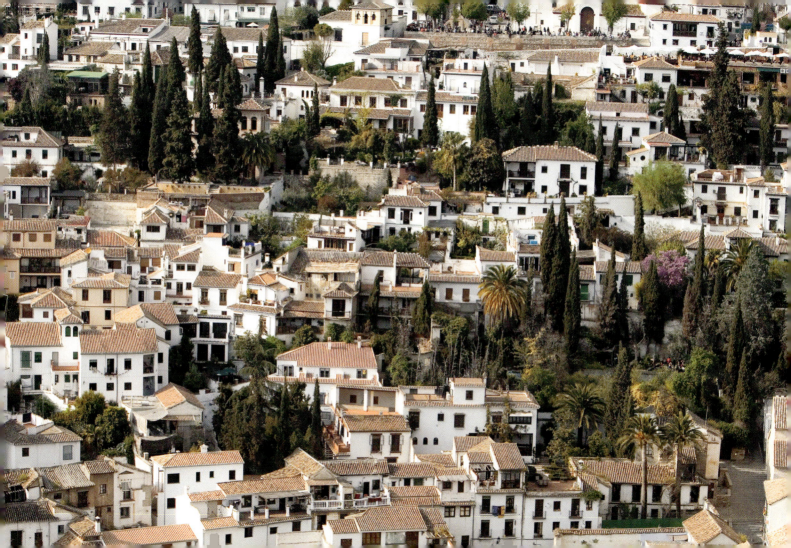

8. Mai

Auf einer Weltkarte kann man unmöglich die Begriffe Gut und Böse verwenden. Die Welt ist weder gut noch böse, so wenig wie sie blau oder gelb ist. Georg Brandes

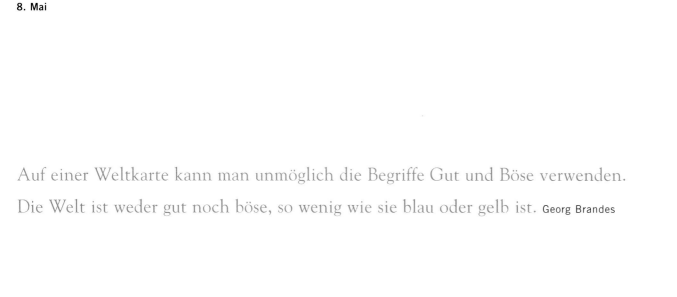

Im Gletschertal Aurlandsdalen in Norwegen

9. Mai

Der Glaube an die Existenz anderer Menschen als solche ist Liebe. Simone Weil

Grönland ist seit 1979 autonomer Teil Dänemarks und verwaltet sich selbst.

10. Mai

Die Mehrheit ist immer im Unrecht … und der stärkste Mann der Welt ist derjenige, der am meisten für sich steht. Henrik Ibsen

Seit dem 19. Jahrhundert verbinden Raddampfer der Belle Époque die schweizerischen und französischen Orte am Genfer See.

11. Mai

In der Verschiedenheit gefangen sein heißt Knecht sein;
in Hinblick auf die Verschiedenheit frei sein heißt Meister sein.

Georg Wilhelm Friedrich Hegel

Tanzwettbewerb im Rahmen des Braemar Royal Highland Gathering, der traditionellen sportlichen Wettkämpfe in Schottland, Großbritannien

12. Mai

Wenn ein Mann oder eine Frau aufgrund von Rasse, Religion oder politischen Ansichten verfolgt wird, dann muss der Ort, an dem sich dieser Mensch befindet, genau in diesem Augenblick zum Zentrum des Universums werden. Elie Wiesel zugeschrieben

Obwohl die Schweiz ihre politische Neutralität wahrt, engagiert sich das Land sehr für die Förderung der Menschenrechte.

13. Mai

Jeder nennt das Barbarei, was bei ihm nicht üblich ist. Michel de Montaigne

Der Stierkampf Centaure d'Or in Saintes-Maries-de-la-Mer, Frankreich

14. Mai

Auch wenn du anders denken magst als ich, ich täte alles, damit du es aussprechen darfst.

Anonym

Lavendel und Mohnblumen gehören zum Charme der Drôme Provençale. Frankreich

15. Mai

Der Respekt ist also etwas, das man für den anderen empfindet. Der Respekt ist daher der Mittler zwischen der leeren Geste der Toleranz und der ganz und gar gewogenen Positivität der Liebe, zwischen der Einhaltung zeremonieller Regeln und der Barmherzigkeit. Vladimir Jankélévitch

Am kleinen Hafen von Naoussa auf der Kykladen-Insel Paros, Griechenland

16. Mai

Nicht spotten, nicht klagen, nicht hassen, sondern verstehen. Baruch Spinoza

Das Dolomiten-Massiv, Sprachgrenze zwischen Deutsch und Italienisch, Italien

17. Mai

Das Hauptorgan des Sehens ist das Denken.
Wir sehen mit unseren Vorstellungen …

Boris Cyrulnik

Die Kathedrale von Monreale ist ein Wunder arabisch-normannischer Baukunst, in dem sich alle Stile der aufeinanderfolgenden Besatzer harmonisch verbinden. Italien

18. Mai

Ich bewundere, ja ich bin beeindruckt von der Größe der Kleinen. Victor Hugo

Die dreijährige Lili Leone trifft ihren vierjährigen Cousin Valdemar Christian während der Ferien in Skagen im Norden Dänemarks.

19. Mai

Der Lehrling

Er setzt sich nieder, um die Verblendung zu beschreiben, um den, der es lesen wird, daran zu erinnern, dass wir unsere Vernunft auf perverse Weise benutzen, wenn wir das Leben erniedrigen, dass die Würde des Menschen jeden Tag von den Mächtigen der Welt mit Füßen getreten wird, dass die universelle Lüge den Platz vielfältiger Wahrheiten eingenommen hat, dass der Mensch aufgehört hat, sich selbst zu respektieren, als er den Respekt verlor, den er seinesgleichen zollen sollte. José Saramago

Im Vogelpark von Saintes-Maries-de-la-Mer in der Camargue lassen sich viele Zugvögel zur Rast nieder. Frankreich
FOLGENDE DOPPELSEITE: Fribourger Voralpen in der Dämmerung, Schweiz

20. Mai

Wer nach Kategorien unterscheidet, ist von vornherein dem Geist der Liebe fremd.

Vladimir Jankélévitch

21. Mai

Tötet man einen Menschen, ist man ein Mörder.
Tötet man Millionen von Menschen, ist man ein Eroberer.
Tötet man alle, ist man ein Gott.

Jean Rostand

Detail aus einem Werk von Pio Fedi (1816–1892) in der Loggia della Signoria in Florenz, Italien

22. Mai

Es bedurfte der Götter, um dem Menschen Gesetze zu geben. Jean-Jacques Rousseau

Kleine Kapelle am Fuße des Tre Cime di Lavaredo in den Dolomiten, Italien

23. Mai

Unter den Brüdern soll es keinerlei Autorität oder Herrschaft geben … Vielmehr soll sich derjenige unter ihnen, der der Größte sein will, zu ihrem Knecht und Diener machen, und der Größte unter ihnen soll sein wie der Kleinste. Franz von Assisi

Während des berühmten Braemar Royal Highland Gathering, der traditionellen sportlichen Wettkämpfe in Schottland, Großbritannien

24. Mai

Mit welchem Recht entbindet uns das Kollektiv von der heiligen Verpflichtung, nicht zu töten? Mit welchem Recht versetzt es uns in den Zustand eines Tieres? Michel Serres

Janusz, ein polnischer Straßenpantomime, tritt in ganz Europa auf.

25. Mai

Je nachdem, ob Sie es sind, der leidet, oder ich es bin, verändert sich die Landschaft von Grund auf. Vladimir Jankélévitch

Sozoula, 17 Jahre, Studentin auf der Insel Patmos, Griechenland

26. Mai

Je mehr die Menschen ihre außergewöhnliche Sensibilität, ihre unbegrenzten Talente und ihre große Vielfalt kennen, desto mehr sind sie in der Lage, ihren eigenen Wert sowie den der anderen zu schätzen. Edward T. Hall

Die Ursprünge der mittelalterlichen Hauptstadt Maltas Mdina lassen sich 4000 Jahre zurückverfolgen.
FOLGENDE DOPPELSEITE: Statuen säumen den Petersplatz in Rom, auf dem sich eine Menschenmenge versammelt, um während der großen religiösen Feierlichkeiten im Vatikan den Segen des Papstes zu erhalten.

27. Mai

Der Krieg ist der Krieg der Menschen;
der Friede ist der Krieg der Ideen.

Victor Hugo

28. Mai

Keine Gesellschaft ist vollkommen. Jede trägt von Natur aus eine Verunreinigung in sich, die mit den Normen, die sie verkündet, nicht vereinbar ist und die sich konkret durch ein gewisses Maß an Ungerechtigkeit, an Gefühllosigkeit und an Grausamkeit äußert. Claude Lévi-Strauss

Alter, von der Sonne verwitterter Balkon in einem Dorf in den französischen Alpen

29. Mai

Die Welt ist ein gefährlicher Ort, nicht wegen der Menschen, die Böses tun, sondern wegen jenen, die zusehen und nichts unternehmen. Albert Einstein

Schafherde im Nebel in den Sümpfen von Mont-Saint-Michel, Frankreich

30. Mai

Werden wir so leichtsinnig sein, so zu tun, als wären wir für die Übel der heutigen Welt nicht verantwortlich? Alexander Solschenizyn

Die zentrale Heizungseinheit im Kernkraftwerk Tricastin, Frankreich

31. Mai

Freiheit, nur Verbrechen werden in deinem Namen begangen! Madame Roland

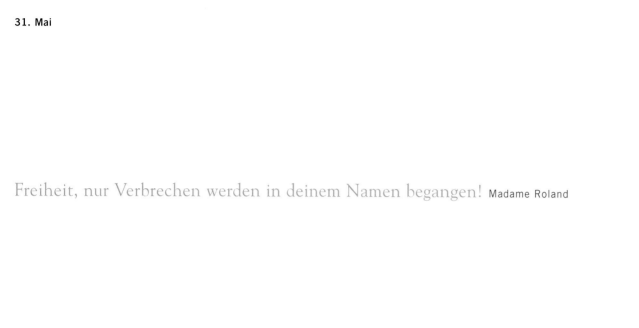

Im Fjord Nærøfjorden in Norwegen fliehen Möwen vor einem herannahenden Unwetter.

1. Juni

Um effektiv gegen den Krieg, gegen das Übel anzukämpfen, muss man wissen, wie man den Krieg verinnerlicht, um das Übel in sich selbst zu besiegen. Man muss den härtesten Krieg führen, welcher der Krieg gegen sich selbst ist. Athenagoras

Manuel, 85 Jahre, liebt es, sich jeden Mittag auf dem Dorfplatz von Albuñuelas auszuruhen. Spanien

2. Juni

Die Liebe heilt nicht die Symptome des Übels, sondern geht direkt an die Ursachen: Sie reißt die eigentliche Wurzel des Grolls heraus. Vladimir Jankélévitch

In einen Baumstamm im Garten der Alhambra in Granada eingeritzte Liebeserklärungen, Spanien

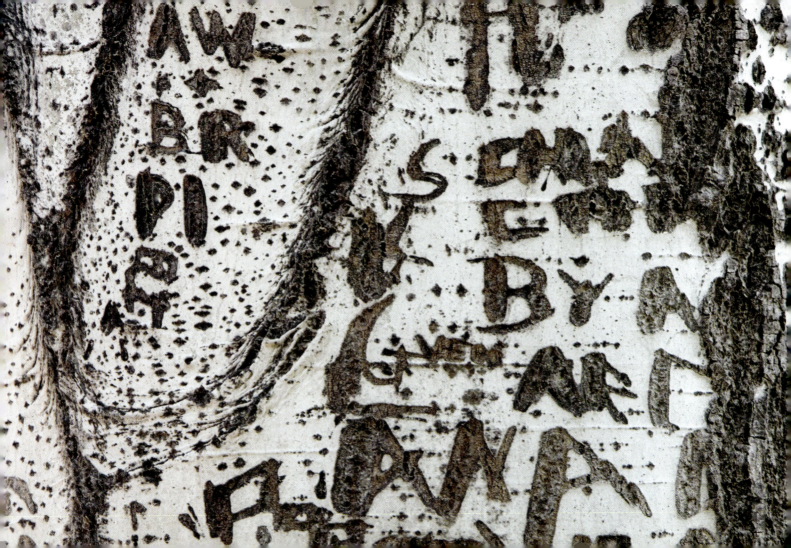

3. Juni

Es gibt zweierlei Arten von Wahrheit: kleine Wahrheiten und große Wahrheiten. Das Gegenteil einer kleinen Wahrheit ist einfach falsch. Das Gegenteil einer großen Wahrheit ist ebenfalls wahr. Niels Bohr

Auf dem Weg zum Gletscher Langjökull, im isländischen Hochland

4. Juni

Die Freiheit besteht darin, alles tun zu dürfen, was einem anderen nicht schadet.

Erklärung der Menschen- und Bürgerrechte von 1783, Artikel 4

Auf dem Land herrscht eine natürliche Solidarität, die dazu führt, dass die Menschen sich bei Schwierigkeiten gegenseitig helfen. Frankreich

5. Juni

Zuerst sei frei, dann fordere die Freiheit. Fernando Pessoa

Türriegel einer Schäferei in einem Dorf in den französischen Alpen

6. Juni

Einen Waldvogel verlangt es niemals nach einem Käfig. Henrik Ibsen

In Polen: Dieses Land hat keine natürlichen Grenzen und war dadurch Angriffen von außerhalb besonders ausgesetzt.

7. Juni

Die authentische Freiheit des Menschen manifestiert sich,
wenn er fähig wird, sich selbst zu opfern.

Enzo Bianchi

Zum Schatz der Kathedrale von Monreale gehören drei Marmorgräber und ein Altar, der die sterblichen Überreste des heiligen Ludwig enthält, der in Tunis an der Pest verstarb. Italien

8. Juni

Die Freiheit ist weder eine juristische Erfindung noch ein philosophischer Schatz …
Sie entstammt einer objektiven Beziehung zwischen dem Individuum und dem Raum,
den er einnimmt, zwischen dem Konsumenten und den Ressourcen, über die er verfügt.

Claude Lévi-Strauss

Auf Burano erzählt man, die Frauen der Fischer suchten die Farben ihrer Häuser gezielt aus, damit ihre Ehemänner auch bei Nebel wieder nach Hause fänden. Italien

9. Juni

Die Freiheit eines Menschen ist ein Stückchen universeller Freiheit; man kann nicht an der einen rühren, ohne gleichzeitig die andere aufs Spiel zu setzen. Victor Schoelcher

In Roscoff in der Bretagne liegen Reusen für den Fischfang bereit. Frankreich
FOLGENDE DOPPELSEITE: Im schottischen Hochland findet sich noch unberührte Natur. Großbritannien

10. Juni

Die Freiheit wird einem nicht geschenkt, man muss sie sich nehmen.

Fürst Pjotr Kropotkin

11. Juni

Freiheit heißt Lieben. Wenn du nur aus Furcht Gutes tust, liebst du Gott nicht. Wenn du dich wie ein Sklave verhältst, liebst du nicht. Wenn du liebst, bist du frei. Statt die Strafe zu fürchten, liebe die Gerechtigkeit. Augustinus

Geteilte Freude während einer religiösen Prozession in der Osterwoche in Granada, Spanien

12. Juni

Liebe ist die Fortsetzung der Gerechtigkeit; Liebe ist der Wille zur Gerechtigkeit. Kein soziales Gefüge ersetzt diesen guten Willen, diese Inspiration eines beredten und sinnreichen Wohlwollens, das der einzige ausreichende Grund für Uneigennützigkeit, die einzige dauerhafte Garantie für Frieden ist. Vladimir Jankélévitch

In Charmey werden beim Almabtrieb Bergbauern, Senner und Tiere, die nach einem Sommer harter Arbeit vom Berg herabkommen, gewürdigt. Schweiz

13. Juni

Es ist erschreckend, wenn man bedenkt, dass diese Sache, die wir in uns tragen, das Urteil, nicht die Gerechtigkeit ist. Das Urteil ist etwas Relatives, die Gerechtigkeit das Absolute. Bedenken Sie den Unterschied zwischen einem Richter und einem Gerechten. Victor Hugo

Die Abtei Mont-Saint-Michel, einst ein großes spirituelles und intellektuelles Zentrum des mittelalterlichen Abendlands, wurde während der Französischen Revolution und in der Zeit des Empire zu einem Gefängnis umfunktioniert. Frankreich

14. Juni

»Ja« und »Nein« sind die kürzesten Wörter und sind am einfachsten auszusprechen; sie bedürfen aber der gründlichsten Überprüfung. Charles Maurice de Talleyrand

Standesamtliche Heirat im Rathaus von Evian, Frankreich

15. Juni

Wenn ich wüsste, dass eine Sache mir nützlich, meiner Familie aber abträglich wäre, so würde ich sie im Geiste zurückweisen. Wenn ich wüsste, dass etwas für meine Familie nützlich wäre, nicht aber für mein Heimatland, dann würde ich es zu vergessen trachten. Wenn ich wüsste, dass eine Sache meinem Heimatland nützlich, Europa und der menschlichen Rasse jedoch abträglich wäre, so würde ich sie als ein Verbrechen auffassen. Montesquieu

Traditioneller Taubenturm im Inneren der Insel Tinos, Griechenland

16. Juni

Mir persönlich macht es mehr Freude, Menschen zu verstehen, als sie zu richten.

Stefan Zweig

Das Leben der venezianischen Gondoliere ist schwer. Sie müssen Kredite für die Gondeln abbezahlen, haben hohe Nebenkosten sowie Leerlaufzeiten und bekommen weniger gut betuchte Kunden als früher. Italien
FOLGENDE DOPPELSEITE: Die Mühlen von Kinderdijk stehen für den Kampf Hollands gegen Überschwemmungen. Niederlande

17. Juni

Verklage nur aus dunkler Meinung mich nicht!

Sophokles

18. Juni

Und ich sage Menschlichkeit hat ein Synonym: Gleichheit. Victor Hugo

Unausgesprochenes Einverständnis zwischen Alexandre und Juliette, die seit 14 Jahren ein gemeinsames Leben führen. Schweiz

19. Juni

So wie der Mensch in der Zivilisation voranschreitet und kleine Stämme zu größeren Gemeinschaften sich vereinen, wird die schlichteste Vernunft jedem Einzelwesen sagen, dass es seine geselligen Instinkte und Sympathien auf alle Mitglieder des Volkes ausdehnen müsse, mögen sie ihm auch persönlich unbekannt sein. Ist dieser Punkt einmal erreicht, so ist es nur noch eine künstliche Schranke, die verhindert, dass er seine Sympathie auf alle Menschen aller Völker und Rassen erstrecke. Wenn auch tatsächlich solche Leute von ihm durch bedeutende Unterschiede im Aussehen oder in der Gewohnheit gesondert sind, so brauchte es leider, wie uns die Erfahrung lehrt, gar lange Zeit, bis wir sie als Mitmenschen betrachteten. Charles Darwin

Wales, eine Region, deren Sprache und Natur ebenso vielfältig sind wie ihre Geschichte. Großbritannien

20. Juni

Handle so, dass du die Menschheit sowohl in deiner Person als in der Person eines jeden anderen jederzeit zugleich als Zweck, niemals bloß als Mittel brauchst. Immanuel Kant

Hosanna, eine junge Sinti aus Saintes-Maries-de-la-Mer, Frankreich

21. Juni

Die Menschen werden frei und gleich an Rechten geboren und bleiben es.
Soziale Unterschiede dürfen nur im allgemeinen Nutzen begründet sein.

Erklärung der Menschen- und Bürgerrechte von 1783, Artikel 1

Bruder Nicolas fegt die Herbstblätter am Eingang zur Kartause La Valsainte in der Schweiz zusammen.

22. Juni

Auf eine Sache bin ich stolz: ein Mensch mit gleichen Rechten und Pflichten zu sein, in der gleichen Lage wie alle anderen zu sein und ihre Leiden, Freuden und Herausforderungen zu teilen. Dieser Stolz bringt uns alle zusammen, den Tauben und den Lahmen, den Äthiopier und den Hasenschartigen, den Juden und den Krüppel, den Blinden und den mit dem Down-Syndrom, den Muslim und den Penner, Sie und mich. Wir sind Menschen!

Alexandre Jollien

Pema, 20 Jahre, ist eine in der Schweiz und in Frankreich lebende Tibeterin, die sich für die Menschenrechte engagiert.

23. Juni

Das Recht darauf, Rechte zu haben, oder das Recht eines jeden Individuums, der Menschheit anzugehören, müsste durch die Menschlichkeit selbst garantiert sein. Hannah Arendt

Prozession zu Ehren der Sara, der Schutzheiligen der Sinti und Roma, während einer Wallfahrt nach Saintes-Maries-de-la-Mer, Frankreich
FOLGENDE DOPPELSEITE: Sofie, eineinhalb Jahre alt, während ihrer ersten Reise außerhalb Tschechiens

24. Juni

Was wäre die Gerechtigkeit ohne die Treue der gerechten Menschen?
Was wäre die Freiheit ohne die Ausdauer der freien Menschen?

Enzo Bianchi

25. Juni

Das, was er tut, macht den Menschen aus! André Malraux

Die sienesische Hügellandschaft, die zahlreiche Künstler, Maler, Dichter, Schriftsteller und Filmemacher inspiriert hat. Italien

26. Juni

Ich habe immer noch den Traum, dass man eines Tages jeden Menschen in diesem Lande und jeden farbigen Menschen in der ganzen Welt nicht nach seiner Hautfarbe, sondern nach seinem Charakter beurteilen wird. Martin Luther King

Houda, 21 Jahre, marokkanische Studentin an der HEC, einer der renommiertesten Wirtschaftshochschulen Frankreichs

27. Juni

Die Menschheit befindet sich ständig im Griff von zwei gegensätzlichen Strömungen, von denen die eine zur Verwirklichung der Einheit drängt, während die andere darauf abzielt, die Zersplitterung aufrechtzuerhalten oder wieder herbeizuführen. Claude Lévi-Strauss

Die Weingüter im Wallis sind für die Qualität und Vielfalt ihrer Weine berühmt. Schweiz

28. Juni

Das ist eben das Übel aller Übel bei den Menschen guten Willens, dass sie immer das sein wollen, was sie nicht sein können, und das nicht sein wollen, was sie sein könnten. Franz von Sales

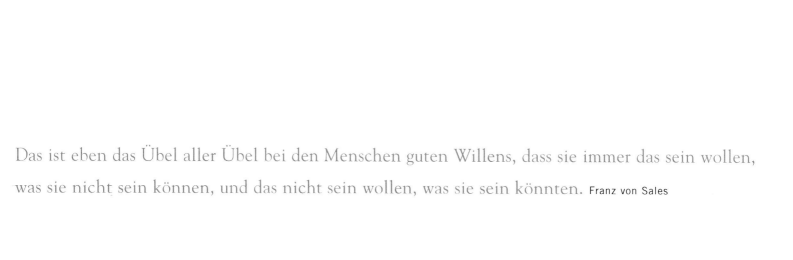

Das bekannte Café Florian an der Piazza San Marco im Herzen von Venedig, auf dessen Terrasse des Öfteren ein Sinfonieorchester spielt. Italien

29. Juni

Der Wert einer Leistung liegt mehr im Streben danach als im Ergebnis. Albert Einstein

Auf der Insel Tinos kehrt Lamprini, 88 Jahre, vom Berg zurück, wo die Ziegen weiden. Griechenland

30. Juni

Heute, angesichts des Ausmaßes sozialer Probleme und der offensichtlichen Unfähigkeit des Marktes und des Staates, sie zu beheben, wird das Spenden wieder zu einer konkreten und sozial notwendigen Bedingung für die Erhaltung der Gesellschaft. Maurice Godelier

Opfergabe in der Kirche Santa Maria in Trastevere in Rom, Italien

1. Juli

Vielleicht wäre die Welt ein wenig lebenswerter, wenn wir wüssten, wie man die Worte, die hie und da umherirren, vereinigen könnte. José Saramago

Das Kunsthaus Tacheles im Herzen Berlins ist ein Symbol der Gegenkultur. Deutschland
FOLGENDE DOPPELSEITE: Die sienesische Hügellandschaft in der Toskana ist für ihre Schönheit und Harmonie bekannt. Italien

2. Juli

Revolution wird so lange der Name der Zivilisation sein, bis man ihn durch das Wort Harmonie ersetzen kann.

Victor Hugo

WER BIN ICH?

3. Juli

Unsere wahre Nationalität ist die Menschlichkeit. H. G. Wells

Familienspaziergang im Herbst in den Voralpen von Bauges, Frankreich

4. Juli

Der wesentliche Mensch ist der Mensch des Friedens. Vladimir Jankélévitch

Paola während der Osterprozession in Granada, Spanien

5. Juli

Nichts ist so schön, wie anderen mit seinem Wissen und seiner Kraft zu dienen.

Sophokles

Benito, 72 Jahre, ist einer der letzten Schuster in Syrakus. Italien

6. Juli

Wir leben in einer Gesellschaft, die, wie keine andere je zuvor, alle Kräfte, alle Potenziale, die im Einzelnen ruhen, freisetzt, die aber auch jeden einzelnen Menschen dazu treibt, sich von den anderen zu entsolidarisieren und sich ihrer zu bedienen. Maurice Godelier

Bergsteiger im Vallée Blanche im Mont-Blanc-Massiv, wo eine Kleinkabinenbahn den Aiguille du Midi (3842 Meter) mit dem Pointe Helbronner (3462 Meter) verbindet. Frankreich

7. Juli

Jeder muss sich für den unschuldig Unterdrückten einsetzen, andernfalls wird er seinerseits zum Opfer, wenn ein Stärkerer als er kommt, um ihn zu unterjochen. Victor Schoelcher

Vor Kurzem wurde das Betteln im historischen Stadtkern Venedigs verboten. Italien

8. Juli

Das Erbarmen ist ein ungesetzliches Durchbrechen der unbarmherzigen, der unerbittlichen Legalität. Indem es dem Schuldigen verzeiht, führt es zu einer ersten Liebesöffnung in der unbeweglichen Strenge des Rechts. Es leitet so eine neue Ordnung der Milde und der Gleichheit ein, die eine Initiation in die Gnade ist. Vladimir Jankélévitch

Der zeitlose Zauber der Natur, Frankreich

9. Juli

Wir müssen die Strafe in ein vernünftiges Verhältnis bringen – nicht zum Verbrechen, das groß ist, sondern zum Verbrecher, der klein ist.

Victor Hugo

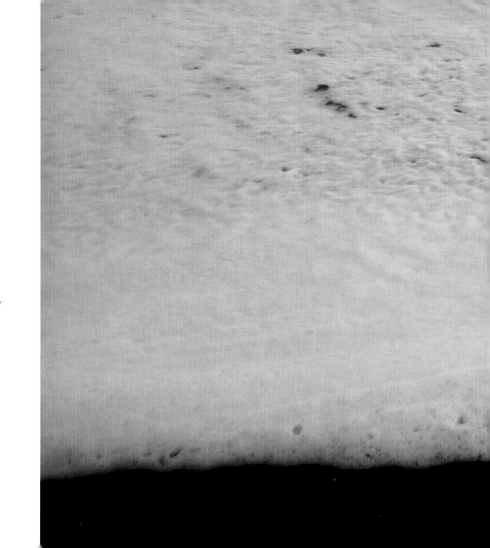

Schwarzer Sandstrand in Reynisfjara auf Island

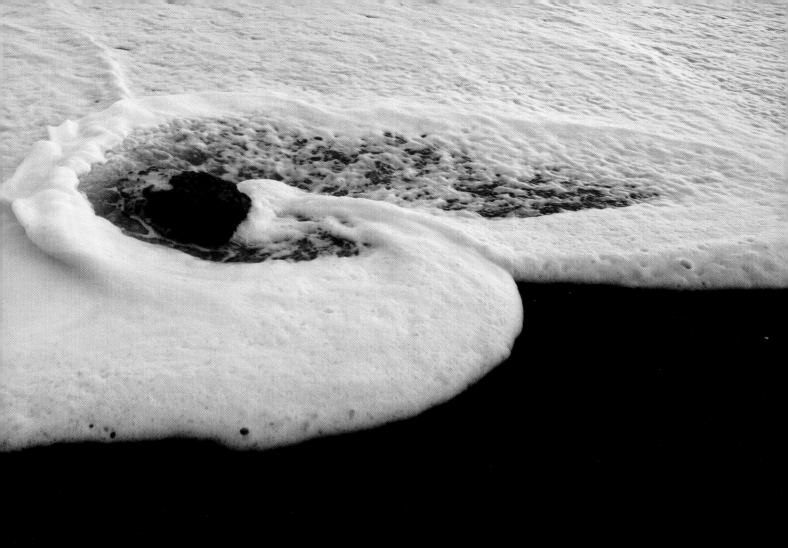

10. Juli

Keine Gesellschaft kann erfolgreich und glücklich sein,
in der der größte Teil ihrer Mitglieder in Armut und Elend lebt.

Adam Smith

Esplanade am Fuße des Wehrturms der Alhambra in Granada, Spanien

11. Juli

Besäßen wir Güter, bräuchten wir Waffen, um sie zu beschützen. Denn es ist der Besitz, der zu Anfechtungen und Streit führt, und durch ihn wird die Liebe zu Gott und zum Nächsten am häufigsten verletzt. Deshalb wollen wir keinerlei Besitz in dieser Welt haben. Franz von Assisi

Ein Familie genießt die Ruhe der Nordseestrände im Norden von Jütland. Dänemark

12. Juli

Man begreift rein gar nichts von der modernen Zivilisation, wenn man nicht zuerst einräumt, dass sie eine universale Verschwörung gegen jegliche Art inneren Lebens ist. Georges Bernanos

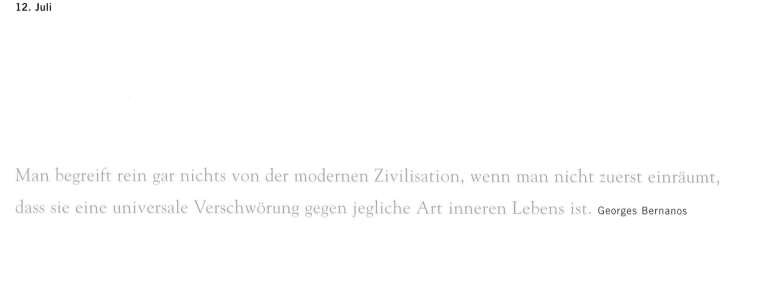

Vater Alois auf dem Rückweg von seinem Gebet in der Kartause von La Valsainte, einem wichtigen geistigen Zentrum des europäischen Katholizismus. Schweiz

13. Juli

Du leidest, weil du dich an niedere Besitztümer gebunden hast, die vergehen, wenn ihre Zeit gekommen ist. Guigo von Castel

Überreste Pompejis, das im Jahre 79 n. Chr. bei einem Ausbruch des Vesuvs zerstört und unter Lava und Asche begraben wurde. Italien

14. Juli

Ich habe vor nichts mehr Angst, denn »die Liebe verjagt die Angst«. Ich habe den Willen, recht zu haben und mich zu rechtfertigen, indem ich andere herabsetze, abgelegt … Deshalb habe ich keine Angst mehr. Wenn man nichts mehr hat, hat man auch keine Angst mehr. Athenagoras

Schäferei auf der Insel Tinos, Griechenland

15. Juli

Wenn nur ein einziger Mensch absichtlich im Elend gehalten oder, was auf dasselbe hinausläuft, absichtlich im Elend gelassen wird, wird der Gesellschaftsvertrag null und nichtig.

Charles Péguy

In der Altstadt von Syrakus, Italien
FOLGENDE DOPPELSEITE: Verwilderte Apfelbäume auf dem Land im Herbst, Frankreich

16. Juli

Eine Frage stellt sich: Gibt es noch Güter, die keine Handelsware sind?

Paul Ricœur

17. Juli

Wir müssen für den anderen leben, wenn wir für uns leben wollen. Seneca

Das *Echo von Moléson*, eine im Gruyère bekannte Alphorngruppe, spielt auf dem Gipfel des Moléson. Schweiz

18. Juli

»Ich« ist die Gesamtheit des Gewebes der Beziehungen zu anderen. Das Selbstbewusstsein entsteht durch Interaktion. Albert Jacquard

Déborah tanzt während einer Wallfahrt der Sinti und Roma in Saintes-Maries-de-la-Mer. Frankreich

19. Juli

Alles Wesentliche der Liebe zeigt sich in dieser ersten spontanen und freien Bewegung, die niemandem etwas schuldet, die nicht das Gegenstück von nichts ist. Vladimir Jankélévitch

Doudou, die geliebte Puppe der dreieinhalbjährigen Lou, Frankreich

20. Juli

Der beste Teil des Lebens eines guten Menschen sind seine kleinen, namenlosen, vergessenen Gesten der Güte und Liebe. William Wordsworth

Die einjährige Pema, das Glück ihrer Mutter Emmanuelle, Frankreich

21. Juli

Die Brüder mögen sich nichts aneignen, weder Haus noch Platz, noch eine Sache …
Hierin liegt die Vortrefflichkeit sehr großer Armut … Möget ihr sie miteinander teilen.

Franz von Assisi

Wie alle Kartäuser in La Valsainte hat Vater Alois sein Leben gänzlich dem Gebet und der Suche nach Gott im Inneren seines Herzens geweiht. Schweiz

22. Juli

Die christliche Meditation … sucht immer, das Subjekt für die Andersartigkeit, die Barmherzigkeit und die Kommunion zu öffnen. Enzo Bianchi

Ostermesse in der Basilika von Fourvière in Lyon, Frankreich
FOLGENDE DOPPELSEITE: Am Fuße der Kathedrale von Syrakus, einer sizilianischen Stadt, die im 8. Jahrhundert v. Chr. von griechischen Siedlern gegründet wurde. Italien

23. Juli

Ein Freund ist ein anderes Ich.

Aristoteles

24. Juli

Das Oberflächliche wird uns schließlich des Notwendigen berauben. Choderlos de Laclos

Haute Couture gibt es bei allen gesellschaftlichen Ereignissen Frankreichs zu bewundern.

25. Juli

Die meisten Menschen rennen so eifrig zum Vergnügen hin, dass sie daran vorbeilaufen.

Søren Kierkegaard

Jogger am Ufer des Lac d'Annecy, Frankreich

26. Juli

Man kann ein glückliches Leben nicht ohne Vorsicht, Aufrichtigkeit und Gerechtigkeit erlangen, und Vorsicht, Aufrichtigkeit und Gerechtigkeit lassen sich nicht ohne Freude erreichen. Die Tugenden entstehen in der Tat aus einem glücklichen Leben, das seinerseits wiederum nicht von den Tugenden getrennt werden kann. Epikur

Brennholzvorrat für den Winter im Beaufortain-Massiv, Frankreich

27. Juli

Die menschliche Verletzlichkeit und Unsicherheit bilden die Basis jeglicher politischer Macht.
Zygmunt Bauman

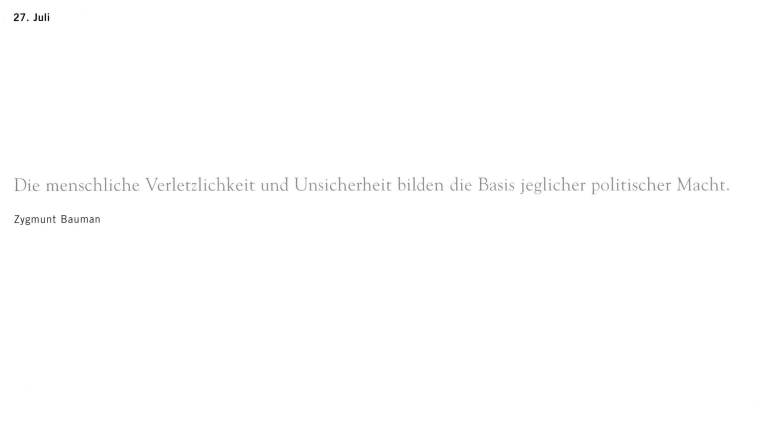

Dieses Spinnennetz, das so zart aussieht, ist ein fantastisches Meisterwerk, das dem Beutefang, der Nahrungsaufnahme, der Reproduktion und dem Schutz dient.

28. Juli

Der Begründung der Freiheit war die Befreiung von der Armut vorangegangen.

Hannah Arendt

Auf dem Markt in Ortygia, dem historischen Stadtkern von Syrakus in Sizilien, Italien

29. Juli

Die Demut muss nicht erworben werden. Sie ruht in uns. Wir demütigen uns jedoch vor den falschen Göttern. Simone Weil

Auf der Piazza Navona in Rom, die für ihre Straßenhändler und ihr lebhaftes Treiben bekannt ist. Italien
FOLGENDE DOPPELSEITE: Assisi, Geburtsort und Todesstätte von Franz von Assisi, dem Gründer des Franziskanerordens, der 1228 kanonisiert wurde. Italien

30. Juli

Die Demut ist die Mutter, die Wurzel, die Nahrung, der Grund und die Verbindung zu allen anderen Tugenden.

Johannes Chrysostomos

31. Juli

Die großen Gefahren lauern in unserem Innern. Victor Hugo

Das von Parasiten befallene Blatt eines alten Baumes auf dem Land, Frankreich

1. August

Es ist nicht so wichtig, viele Erinnerungen zu haben, sondern mit ihnen ins Reine zu kommen.

Umberto Eco

Die Basaltorgeln am Strand von Reynisfjara auf Island

2. August

Wahnsinn ist, immer wieder das Gleiche zu tun, aber andere Ergebnisse zu erwarten.

Albert Einstein zugeschrieben

Im Vogelpark in der Camargue überwintern zahlreiche Zugvögel. Frankreich

3. August

Die Wachsamkeit fordert als Preis den Kampf gegen sich selbst: Der Wachsame ist der Widerstandskämpfer, derjenige, der zur Verteidigung seines eigenen inneren Lebens kämpft.

Enzo Bianchi

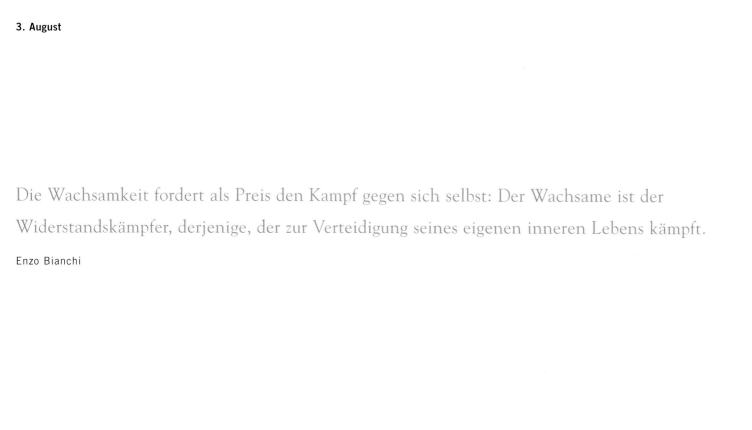

Die Abtei Mont-Saint-Michel beherbergt die Brüder und Schwestern der klösterlichen Gemeinschaft von Jerusalem, die hier seit 2001 wirkt. Frankreich

4. August

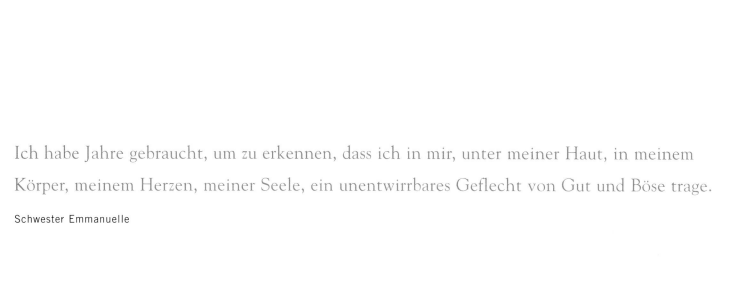

Ich habe Jahre gebraucht, um zu erkennen, dass ich in mir, unter meiner Haut, in meinem Körper, meinem Herzen, meiner Seele, ein unentwirrbares Geflecht von Gut und Böse trage.

Schwester Emmanuelle

Frei laufende Ziegen im Bergmassiv von Bauges, Frankreich

5. August

Ein Mensch ist nicht dann frei,
wenn der andere es nicht ist,
sondern wenn der andere es auch ist.

Elie Wiesel

Der erfolgreiche polnische Straßenpantomime Janusz arbeitet in ganz Europa.

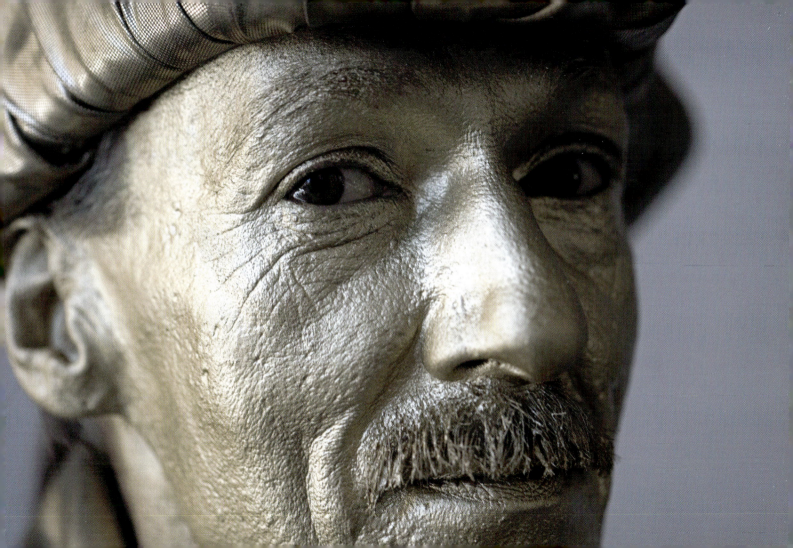

6. August

Es gibt keine unschuldigen Menschen. Wenn man sich keines Verbrechens schuldig gemacht hat, so hat man doch unausweichlich Fehler begangen.

José Saramago

Der Stadtstaat Venedig hatte sich als Republik sein politisches und bürokratisches System so eingerichtet, dass es aussah, als zähle das Volk nicht. Italien

7. August

Es kommt darauf an, sich eingebunden zu wissen und sich verbunden zu fühlen, möglicherweise durch die gleiche Geschichte. Elie Wiesel

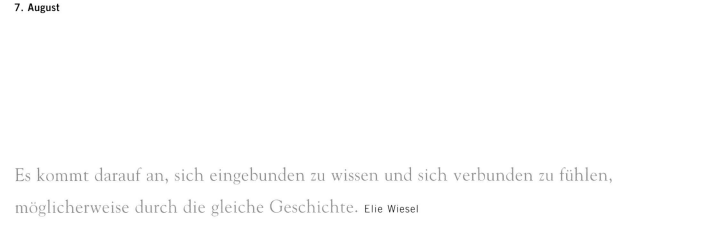

In Krakau während der Trauerfeier anlässlich des Todes von Papst Johannes Paul II., die vor mehr als einer Million Menschen abgehalten wurde. Polen

8. August

Es ist schöner, etwas zu erleuchten, als lediglich zu strahlen;
gleichermaßen ist es schöner, anderen das zu übermitteln,
was man aufmerksam betrachtet hat, als nur aufmerksam zu betrachten.

Thomas von Aquin

Religiöse Prozession während der Karwoche in Granada, Spanien

9. August

In der wirklichen Liebe ist es die Seele, die den Körper umhüllt. Friedrich Nietzsche

Am Strand während der Wallfahrt der Sinti und Roma in Saintes-Maries-de-la Mer, Frankreich

10. August

Geduld ist das Respektieren der Zeit des anderen, im vollen Bewusstsein dessen, dass man die Zeit in der Mehrzahl lebt, mit anderen, indem man daraus ein Ereignis von Beziehung, Begegnung und Liebe macht. Enzo Bianchi

Mit ihren 85 Jahren ist Adelina eine der letzten Stickerinnen, deren Arbeit einst der Stolz Buranos war. Italien

11. August

Da wir nach einer einzigen menschlichen Gemeinschaft streben, verdienen es Freunde, Geschwister, Verwandte und Verschwägerte, Mitbürger und letztlich alle Menschen, dass man sich um ihrer selbst willen um sie bemüht: Jeder ist ein Zweck an sich. Cicero

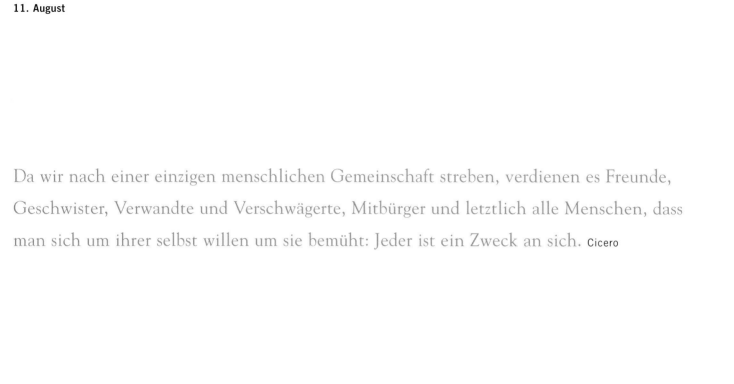

Konzentration vor der Eröffnung des Stierkampfs Centaure d'Or bei der Pferdeschau in der Camargue in Saintes-Maries-de-la-Mer, Frankreich

12. August

So wie es Nationalstaaten gegeben hat, wird es nationale Beziehungen geben. So wie es Grenzen gegeben hat, die trennen und unterscheiden, wird es Grenzen geben, die unterscheiden und verbindend sind und die nur unterscheiden, um zu verbinden.

Édouard Glissant und Patrick Chamoiseau

Die Weinberge im Burgund zur Zeit der Lese, Frankreich
FOLGENDE DOPPELSEITE: Bei der religiösen Prozession während der Karwoche in Jaén in Andalusien, Spanien

13. August

Man sollte immer auf geradestem Weg vom Kopf zum Herzen gehen.

Yehudi Menuhin

14. August

Die persönliche Identität lässt auch das ganze Gewebe unserer Beziehungen mit dem anderen anklingen. Man täuscht sich nicht über sich selbst, ohne sich über andere zu täuschen und über die Natur der Beziehungen, die wir mit ihnen pflegen. Paul Ricœur

Das inmitten von Lavafeldern gelegene Thermalbad Blue Lagoon ist weltweit für die Heilwirkung seines Wassers bekannt. Island

15. August

Statt von einer Besserung der Moral sollte man lieber von einer Evolution der menschlichen Empfindsamkeit sprechen, die manche Handlungen sozial inakzeptabel macht und dadurch das Verhalten beeinflusst. Was die Messlatte der Menschlichkeit angeht, muss man von der Entstehung eines Mitgefühls sprechen, das ständig wächst und immer deutlicher zum Ausdruck kommt. Das wäre schon viel. Und es lohnt sich, davon zu sprechen …

Hubert Reeves

Nino mit seinem vier Monate alten Töchterchen beim Spaziergang in Venedig, Italien

16. August

Die Ehre ist das äußere Gewissen und das Gewissen die innere Ehre. Arthur Schopenhauer

Im Nærøfjord, einem der beeindruckendsten Fjorde Norwegens

17. August

Ein Leben, das man nicht hinterfragt, ist nicht lebenswert. Platon

Edwige, Italien

18. August

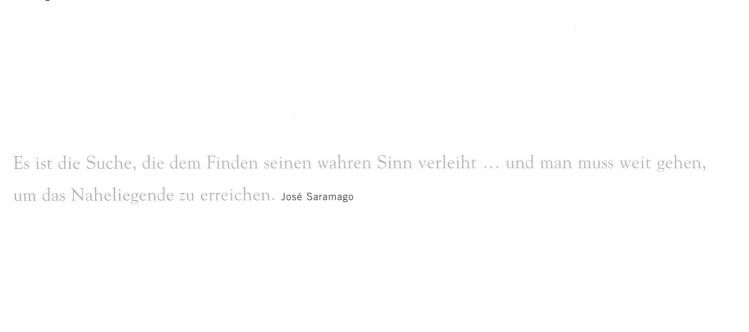

Es ist die Suche, die dem Finden seinen wahren Sinn verleiht … und man muss weit gehen, um das Naheliegende zu erreichen. José Saramago

Fischer in der Bucht von Saksun Streymoy, wo sich Forellen und Lachse auf ihrer unglaublichen Wanderung zum See Saksunarvatn auf den Färöer-Inseln, einer autonomen Provinz Dänemarks, ausruhen.

19. August

Die Philosophen haben die Welt nur verschieden *interpretiert*; es kommt aber darauf an, sie zu *verändern*. Karl Marx

Wolkenkratzer in Villeurbanne, einer für den sogenannten Munizipalsozialismus typischen Wohnanlage, Frankreich

20. August

Jeder möchte sich entwickeln,
aber niemand möchte sich ändern.

Søren Kierkegaard zugeschrieben

Sonntäglicher Rückreiseverkehr in einem Skiort in den Alpen, Frankreich

21. August

Ein wachsender Respekt für das Leben fördert eine Bewusstwerdung der gegenwärtigen Krise und wird von positiven Gesten begleitet. Wir wohnen der Geburt einer Bewegung zum Schutze des Lebendigen bei, vom Menschen bis zu den Tieren und den Wildblumen. Hubert Reeves

Zauberhafte Landschaft in der Toskana, Italien

22. August

Es gibt zwei Arten, sein Leben zu leben: entweder so, als wäre nichts ein Wunder, oder so, als wäre alles eines. Ich glaube an Letzteres. Albert Einstein zugeschrieben

Die sienesische Hügellandschaft, die zahlreiche Künstler, Maler, Dichter, Schriftsteller und Filmemacher inspiriert hat. Italien

23. August

Handle so, dass die Wirkungen deiner Handlung nicht zerstörerisch sind für die künftige Möglichkeit solchen Lebens. Hans Jonas

Der Schindelmacher Vincent in Charmey besucht oft seinen alten Freund Djan »Nê« in dessen Werkstatt, um von seiner Erfahrung zu profitieren und ihm Gesellschaft zu leisten. Schweiz

24. August

Ein jegliches Ding auf der Welt birgt seine Antwort in sich. Was zu finden Zeit braucht, sind die Fragen. José Saramago

Die kleine Pema, deren tibetischer Name »Lotos« bedeutet und als Symbol für spirituelle Entfaltung steht. Frankreich

25. August

Irren ist menschlich. Sophokles

Im kleinen Fischereihafen von Noussa auf der Kykladen-Insel Paros, Griechenland

26. August

Seit sechs Millionen Jahren gefällt der Krieg den streitsüchtigen Völkern.
Und Gott verschwendet seine Zeit damit, Sterne und Blumen zu machen.

Victor Hugo

Frühling in der Provence, Frankreich

27. August

Unsere Zukunft ist offen;
sie liegt in unseren Händen.

Jared Diamond

Entspannung im kristallklaren Wasser von Korsika, Frankreich

28. August

Völker der Erde,
lasset die Worte an ihrer Quelle,
denn sie sind es, die die Horizonte
in die wahren Himmel rücken können
und mit ihrer abgewandten Seite
wie eine Maske dahinter die Nacht gähnt
die Sterne gebären helfen –

Nelly Sachs

Mondaufgang über dem Aravis und den Dents de Lanfon in den Alpen, Frankreich

29. August

Eine Spende ist natürlich »für die anderen«: Das ist die wichtigste Dimension einer Zivilisation der Liebe. Papst Johannes Paul II.

Marie Constance, die auf die Geburt von Calypso in etwa einem Monat wartet. Italien

30. August

Zu häufig vergisst man: Man kann nicht nur das geben, was man hat, sondern auch das, was man ist. Schwester Emmanuelle

Margarita während einer religiösen Prozession in der Karwoche in Granada, Spanien

31. August

Und wie ihr wollt, dass euch die Leute tun sollen, also tut ihnen auch.

Lukasevangelium, 6,31

In den Gärten des Palazzo Farnese in Rom findet sich dieses Werk aus dem 19. Jahrhundert, das wahrscheinlich von dem Paar Amor und Venus aus der Antike inspiriert war. Italien

1. September

Die Vergebung, welch eine Erholung! Victor Hugo

Daniel und seine Tochter Gracia in Granada, Spanien

2. September

Weiter, Dichter, gehe weiter,
bis hinab zum Grund der Nacht.
Mit deiner nichts erzwingenden Stimme
überrede uns doch zur Freude.
Mach, durch den Anbau eines Gedichts,
einen Weinstock aus dem Fluch,
singe vom Scheitern des Menschen
in einer Ekstase des Schmerzes.
Lass in der Wüste des Herzens den heilenden
Quell entspringen;
Lehre im Kerker unserer Tage den freien
Menschen Lobpreis singen.

David Gascoyne

Wilder Wein im Herbst am Gemäuer der Abtei Fontenay, Frankreich
FOLGENDE DOPPELSEITE: Lasse Martinus, 13 Jahre alt, lebt in Skagen im Norden Dänemarks.

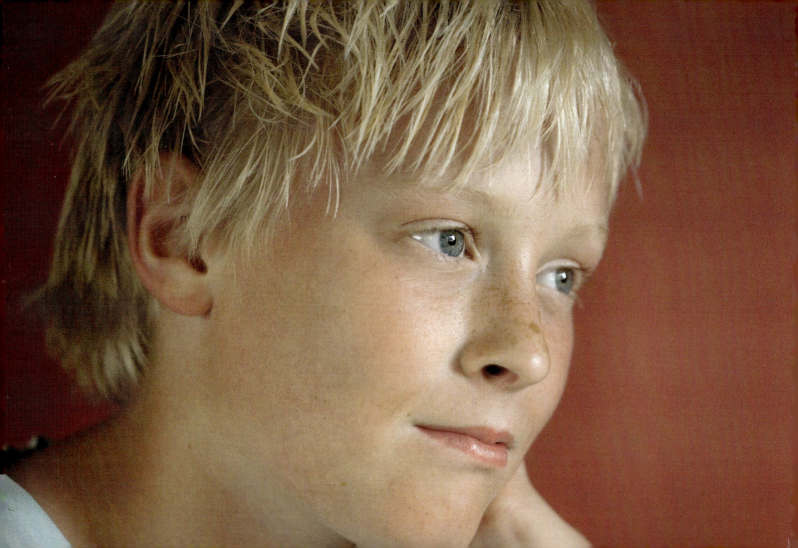

3. September

Die Liebe muss kostenlos um ihrer eigenen Süße willen getrunken werden, wie ein überaus köstlicher Nektar.

Guigo von Castel

4. September

In dem Maße, in dem man sich selbst liebt, wird das Leben zu einem Freudengesang.

Schwester Emmanuelle

Lavendelfeld kurz vor der Ernte im Regionalpark Lubéron, Frankreich

5. September

Sich aufzuopfern bedeutet nicht, resigniert einer Sache *zuzustimmen*, sondern sie mit Freude *zu wollen*. Vladimir Jankélévitch

Sonntagsmesse in Cancale in der Bretagne, Frankreich

6. September

Die größte und einzige Angelegenheit, mit der man es zu tun haben sollte, ist, glücklich zu sein.

Voltaire

Im Vergnügungspark von Farup in Nordjütland, Dänemark

7. September

Es gibt kein einziges Leben,
das nicht wenigstens für einen Augenblick
unsterblich wäre.

Wisława Szymborska

Frei laufende Schafe im Landmannalaugar, einer der spektakulärsten Gegenden Islands

8. September

Das größte Geheimnis des Glücks besteht darin, mit sich selbst im Reinen zu sein.

Bernard Le Bovier de Fontenelle

Hallstatt mit seinen für die Alpen typischen Wohnhäusern, Österreich

9. September

Glauben Sie, um stark zu sein. Lieben Sie, um glücklich zu sein. Victor Hugo

In Charmey werden beim Almabtrieb Bergbauern, Senner und Tiere, die nach einem Sommer harter Arbeit vom Berg herabkommen, gewürdigt. Schweiz

10. September

Schönheit ist lediglich die Verheißung des Glücks.

Stendhal

Feldblumen und Lavendel kurz vor der Ernte im Regionalpark Lubéron, Frankreich

11. September

Gott, das ist ein Wort mit vier Buchstaben. Welche Bedeutung hat es schon, ob man ein Wort benutzt oder nicht. Man muss in Gott leben, ob man nun zu ihm betet oder nicht. Schwester Emmanuelle

Kapelle im Tal von Beaufortain, Frankreich

12. September

Angenommen, ein Mensch entscheidet sich für den christlichen Glauben: Liegt er richtig mit seiner Annahme, hat er alles zu gewinnen, liegt er falsch, hat er nichts zu verlieren. Blaise Pascal

Morgennebel im Aurlandsfjord, dem spektakulärsten Fjord Norwegens

13. September

Sind Sie religiös? Nicht im kirchlichen Sinne. Die Religionen, die Dogmen, sind wie Häuser: Sie sind immer zu eng oder zu groß für den Menschen, der in ihnen wohnt. Balthus

In Krakau wurde Papst Johannes Paul II. eine überwältigende Huldigung zuteil, da er als gebürtiger Pole eine Symbolfigur der Hoffnung des postkommunistischen Polen war.

14. September

Ein verliebtes Herz ist göttlich. Vladimir Jankélévitch

Marta während einer Prozession zum Osterfest in Granada, Spanien

15. September

In der Lage zu sein, die Ewigkeit zu leben, heißt, von Tag zu Tag zu leben. Cioran

Die Kirche Profitis Ilias auf einer Anhöhe der Insel Patmos, Griechenland

16. September

Für den Dichter, für den Philosophen und für den Heiligen sind alle Dinge Freunde und etwas Heiliges, alle Ereignisse günstig, alle Tage heilig und alle Menschen göttlich. Ralph Waldo Emerson

Frühling auf der Insel Tinos, Griechenland
FOLGENDE DOPPELSEITE: Um die Felsnadeln Reynisdrangar im Nordatlantik vor Island ranken sich geheimnisvolle Legenden.

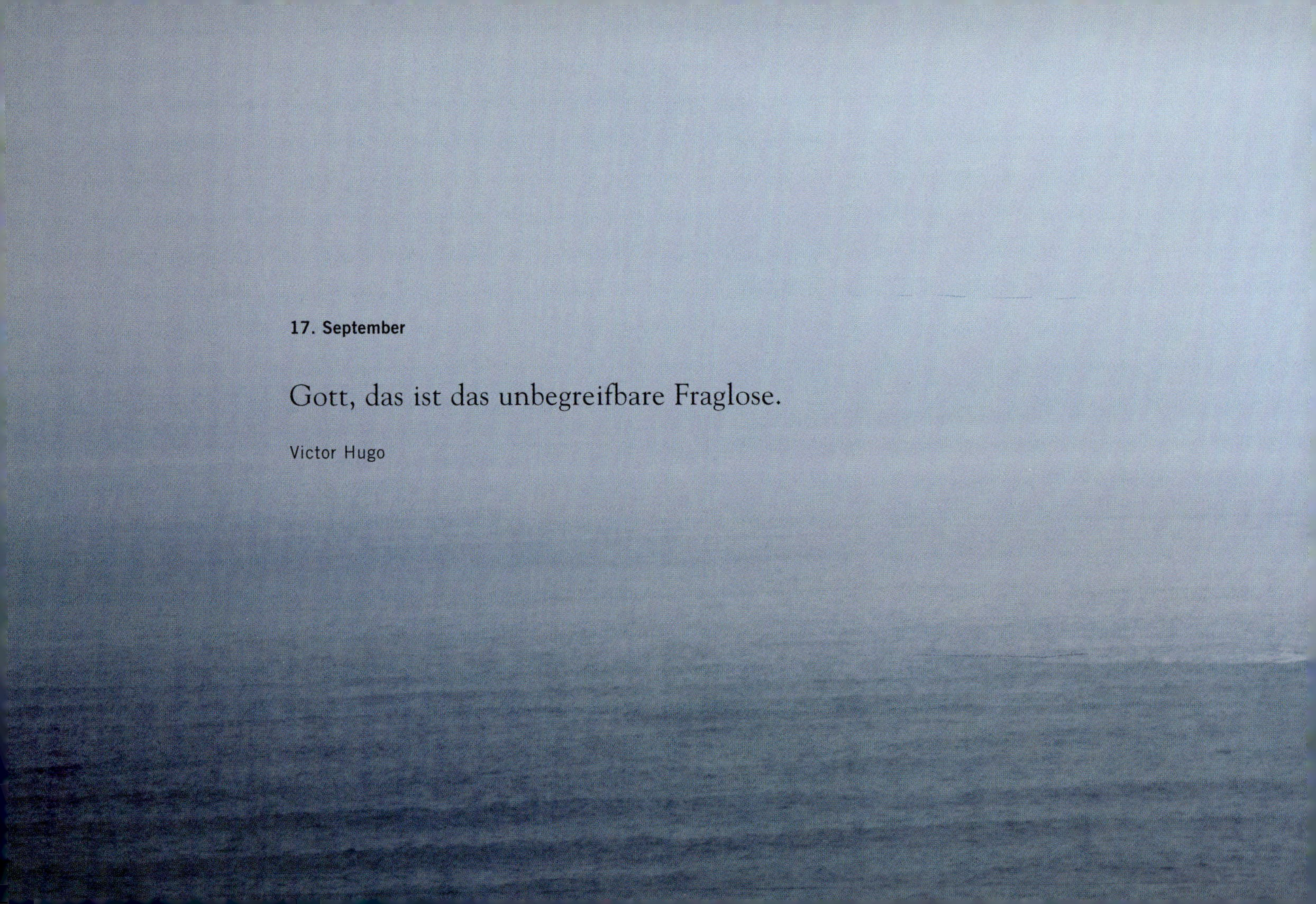

17. September

Gott, das ist das unbegreifbare Fraglose.

Victor Hugo

18. September

Die Liebe ... sie freuet sich aber der Wahrheit; sie verträgt alles, sie glaubet alles, sie hoffet alles, sie duldet alles. 1. Brief des Paulus an die Korinther, 13,6–7

Der Vorplatz der Kirche Panaghia Evanghelistria (Unserer lieben Frau der Verkündigung) auf der Insel Tinos, einer der wichtigsten Wallfahrtsorte der orthodoxen Kirche, Griechenland

19. September

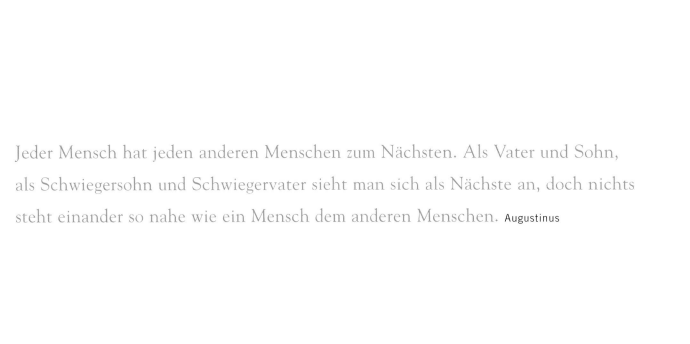

Jeder Mensch hat jeden anderen Menschen zum Nächsten. Als Vater und Sohn, als Schwiegersohn und Schwiegervater sieht man sich als Nächste an, doch nichts steht einander so nahe wie ein Mensch dem anderen Menschen. Augustinus

Konzentration vor dem Stierkampf Centaure d'Or beim Pferdefestival in der Camargue in Saintes-Maries-de-la-Mer, Frankreich

20. September

Weil wir anerkennen, dass es den anderen gibt, verspüren wir den Wunsch, mit ihm die Schönheit einer Abenddämmerung, die Anmut eines Lächelns, den Rhythmus eines Gedichts, eine Erinnerung, eine Habe, eine Idee, eine Entdeckung, ein Ideal, eine Enttäuschung – eine Hoffnung zu teilen. Elie Wiesel

Wales, eine Region, deren Geschichte ebenso vielfältig ist wie ihre Sprache und ihre Natur. Großbritannien

21. September

Die beste Art, sich selbst kennenzulernen, ist zu versuchen, den anderen zu verstehen.

André Gide

Vor dem Reichstag in Berlin, dem Sitz des deutschen Bundestags

22. September

Die Liebe, und allein die Liebe, ist in der Lage, auf den anderen als denjenigen, der mir vollkommen unähnlich ist, zuzugehen. Die Liebe bewirkt das Wunder, die fremde Person zu durchdringen und zu begreifen, das Ferne nahezubringen und das Abwesende zu repräsentieren. Die Gerechtigkeit gelangt nicht zum anderen, sondern nur zum Gleichen, der unser abstrakter und arithmetischer Mitmensch ist. Vladimir Jankélévitch

Vincent, ein schweizerischer Schindelmacher, und seine Frau Tania, eine Ziegenhirtin aus Australien, arbeiten auf der Alm im Gruyère. Schweiz

23. September

Das Leiden des anderen zu berücksichtigen, ist dies nicht genau das, was die Transformation von »er« zu »du« bei diesem anderen bewirkt? Hermann Cohen

Das hektische Leben Venedigs berührt die Dorfbewohner von Burano nicht, die jeden Nachmittag zusammenkommen. Italien

24. September

Erkennen heißt, jeden anderen als frei und anderen gegenüber als gleichwertig anzusehen. Paul Ricœur

Alfronzo, 81 Jahre, geht jeden Sonntag zur Messe in der Kathedrale von Monreale. Italien

25. September

Der Nächste – nicht jemand, der sich in der Nähe befindet, sondern jemand, dem man sich annähert. Paul Ricœur

Landmannalaugar, eine der eindrucksvollsten Gegenden Islands

26. September

Wenn ich mich von dir unterscheide, bin ich weit davon entfernt, dich zu verletzen – ich erhöhe dich. Antoine de Saint-Exupéry

Zirkusplakat auf Korsika, Frankreich

27. September

Herr, mach mich zum Werkzeug Deines Friedens!
Wo Hass herrscht, lass mich Liebe bringen,
Wo Kränkung herrscht, lass mich Vergebung bringen,
Wo Zwietracht herrscht, lass mich Versöhnung bringen ...
Wo Traurigkeit herrscht, lass mich Freude bringen.
O, Herr, lass mich immer mehr danach verlangen,
Andere zu trösten, als selbst getröstet zu werden,
Andere zu verstehen, als selbst verstanden zu werden.

Franz von Assisi zugeschrieben

Die Kirche von Frauenberg in der schönen und friedlichen Steiermark, Österreich

28. September

Ein Wesen zu lieben heißt, einfach anzuerkennen, dass es genauso existiert wie Sie.

Simone Weil

Aksel, ein junger Grönländer aus Maniitsoq

29. September

Der glücklichste Mensch ist der, der die größte Anzahl anderer glücklich macht. Denis Diderot

Ermoupolis, die wichtigste Stadt auf der Kykladen-Insel Syros, Griechenland

30. September

Macht ist Beziehung. Das bedeutet, alle Macht befindet sich auf der Seite des Lebens, der Fülle und der Schönheit. Das bedeutet auch, dass alle Schönheit Beziehung ist.

Édouard Glissant und Patrick Chamoiseau

Hosanna und ihre Mutter Deborah in Saintes-Maries-de-la-Mer, Frankreich

1. Oktober

Die Beziehung hängt weder an dir noch an mir, sondern am Geheimnis zwischen uns beiden. Sie beruht auf der Gegenseitigkeit der Bewegung jedes Einzelnen, der aus sich heraus auf den anderen zugeht.

Schwester Emmanuelle

Loch Lomond in Schottland, der größte See Großbritanniens, grenzt an den Trossachs-Nationalpark.

2. Oktober

Ob man nun handelt oder nicht, die Worte oder die Stille besitzen immer einen kommunikativen Charakter. Paul Watzlawick

Drei alte Widerstandskämpfer vom Plateau des Glières, die während des Zweiten Weltkriegs deportiert worden waren, bei einer Gedenkfeier. Frankreich

3. Oktober

Was ist herrlicher als Gold ... Das Licht ... Was ist erquicklicher als das Licht? ... Das Gespräch.

Johann Wolfgang Goethe

Sonnenblumenfeld im Departement Drôme Provençale, Frankreich

4. Oktober

Nur die Stille macht in der Tat ein Lauschen möglich, das heißt nicht nur das In-sich-Aufnehmen der Worte, sondern auch das Aufnehmen der Gegenwart des Sprechenden. Enzo Bianchi

Eine weiße Taube, Symbol der Liebe und des Friedens

5. Oktober

Lass dein Herz sprechen, befrage die Gesichter, höre nicht auf die Rede … Umberto Eco

Die Dänin Gitte, 27 Jahre, ist Mitglied mehrerer nichtstaatlicher Organisationen, die sich weltweit für das Recht auf Bildung sowie für das Gleichgewicht von Nord und Süd einsetzen.

6. Oktober

Das gereifte Bewusstsein kennt nur die Poesie.
Heute verlangt man nach dem Wesentlichen und dem Minimum:
dass nur eine Stille wie jene Gottes alles sagen kann.

David Gascoyne

In der Hügellandschaft um Siena in der Toskana, die lange als unwirtlich angesehen wurde, ist dank der Bewässerung heute der Anbau von Getreide, Viehfutter und Sonnenblumen möglich. Italien

7. Oktober

O lern verstehen, was stille Liebe schrieb!
Mit Augen hören, das kann kluge Lieb.

William Shakespeare

Wie ihre Eltern und Großeltern liebt die fünfjährige Lana Skifahren, die Berge und die Natur. Frankreich
FOLGENDE DOPPELSEITE: Loch Kishorn im Nordwesten des überwältigenden schottischen Hochlands, Großbritannien

8. Oktober

Stille bewahren, welch seltsamer Ausdruck!
Es ist die Stille, die uns bewahrt.

Georges Bernanos

9. Oktober

Aus der Kontemplation erwächst eine Rose.

Aus der Kontemplation der Orangenbaum, der Lorbeerbusch.

Du und ich aus diesem Kuss.

Miguel Hernandez

Die berühmte Heide in Schottland mit ihren unglaublichen violetten Schattierungen, Großbritannien

10. Oktober

Alle Schönheit auf der Welt
wird mein Herz niemals gewinnen,
sondern nur Ich-weiß-nicht-was,
das sich wohl noch einmal findet.

Johannes vom Kreuz

An den sechs Teichen des Naturreservats Les Dombes lassen sich jedes Jahr Tausende von Wildvögeln nieder. Frankreich

11. Oktober

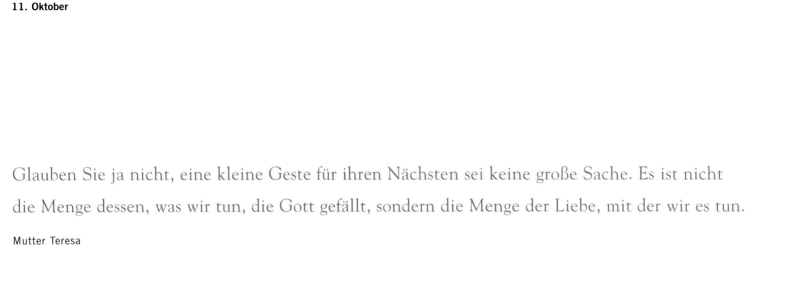

Glauben Sie ja nicht, eine kleine Geste für ihren Nächsten sei keine große Sache. Es ist nicht die Menge dessen, was wir tun, die Gott gefällt, sondern die Menge der Liebe, mit der wir es tun.

Mutter Teresa

Der zehn Monate alte Eliott ist das Glück seiner Eltern Sandra und Alexandre. Frankreich

12. Oktober

Das was durch die Liebe vollendet wird, geschieht immer jenseits von Gut und Böse.

Friedrich Nietzsche

Landmannalaugar, ein Paradies für Wanderer, ist eine der beeindruckendsten Gegenden Islands.

13. Oktober

Mögen wir wir selbst und ganz und gar Liebe sein, Bewegung der Liebe, liebevolle Absicht, Liebesakt. Vladimir Jankélévitch

Alexandre und Juliette, vierzehn Jahre Leidenschaft und gemeinsames Leben, Schweiz

14. Oktober

Ein jeglicher Wert des Menschen hängt an dieser Fähigkeit, sich zu übertreffen, außer sich zu sein, in einem anderen und für einen anderen zu sein. Milan Kundera

Schülerinnen des Sankt-Johannes-Klosters während des Verkündigungsfestes auf der Insel Patmos, Griechenland
FOLGENDE DOPPELSEITE: Die Ende des 16. Jahrhunderts erbaute Kapelle Saint Garin du Pré de l'Essert in Charmey wurde den Zisterziensermönchen von der Familie Gachet gestiftet. Schweiz

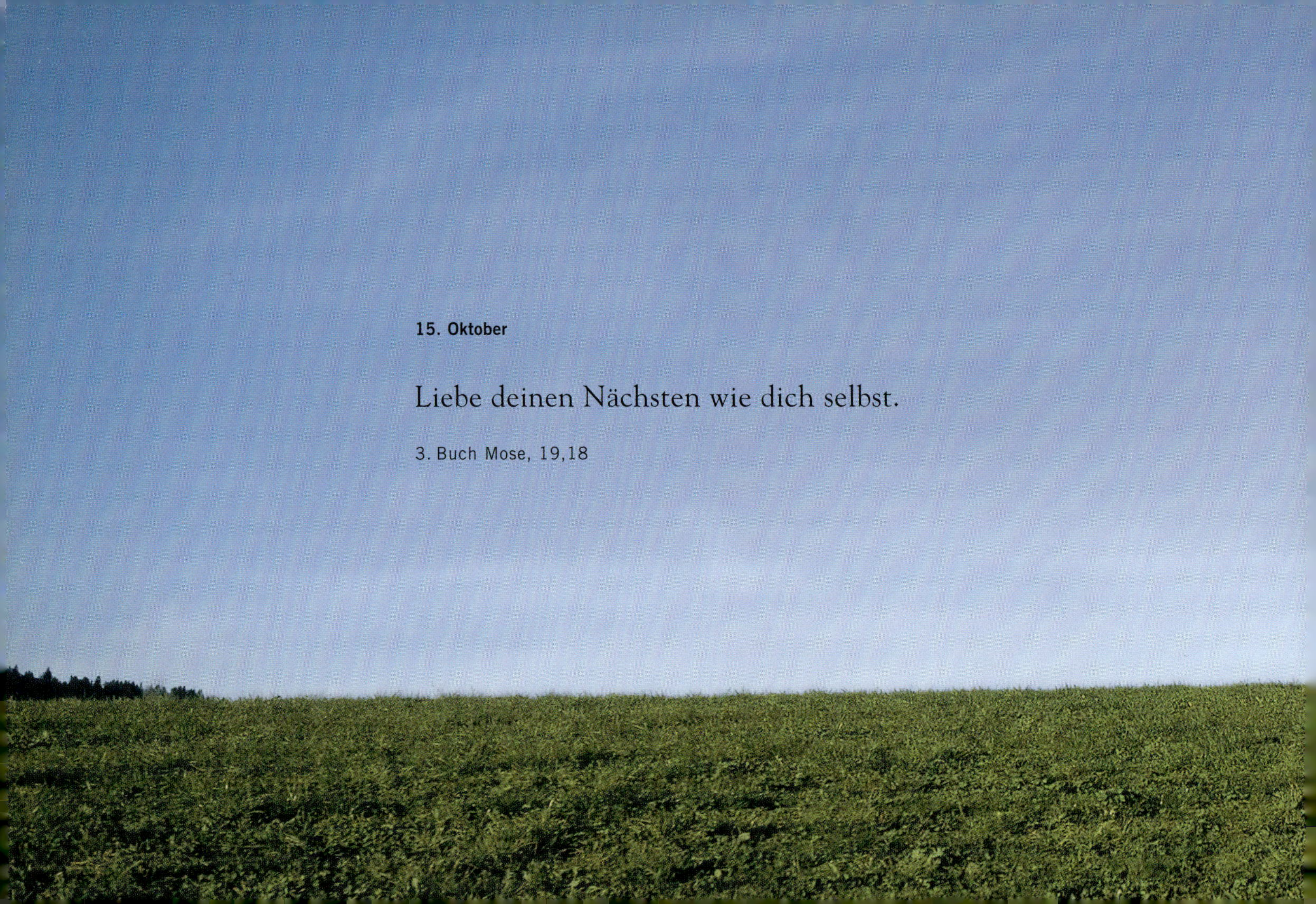

15. Oktober

Liebe deinen Nächsten wie dich selbst.

3. Buch Mose, 19,18

WAS SOLL ICH TUN?

16. Oktober

Damit es Leben gibt, braucht es liebendes Verlangen. Balthus

Der Charme des Dorfes Pérouges in Frankreich

17. Oktober

Man muss sich ein wenig ähnlich sein, um sich zu verstehen, aber man muss ein wenig unterschiedlich sein, um sich zu lieben. Ja, ähnlich und unähnlich … Ah! Wie fremd kann daher ein schönes Wort sein! Paul Géraldy

Im orthodoxen Kloster Sankt Johannes auf der Insel Patmos, Griechenland

18. Oktober

Um zu lieben, braucht man die Freiheit des Körpers, die Freiheit des Herzens und die Freiheit des Geistes. Schwester Emmanuelle

Detail aus einem Werk von Giambologna (1529–1608) in der Loggia della Signoria in Florenz, Italien

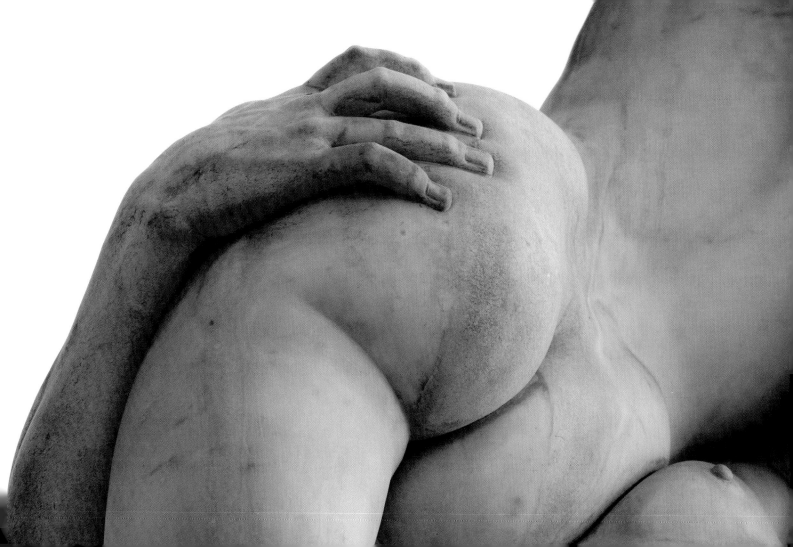

19. Oktober

Es gibt nichts Schwierigeres, als einander zu lieben. Das ist wahre Arbeit, die man immer wieder aufs Neue beginnen muss. Die Jungen sind im Übrigen überhaupt nicht auf diese Schwierigkeit der Liebe vorbereitet. Die Konventionen haben versucht, aus dieser extremen und komplexen Beziehung ein leichtes und lockeres Verhältnis zu machen, sie haben ihr den Anschein einer Sache verliehen, die in jedermanns Reichweite liegt. Doch dem ist nicht so. Die Liebe ist eine schwierige Angelegenheit. Rainer Maria Rilke

Der Zauber eines alten Apfelbaumes auf dem Land im Winter, Frankreich

20. Oktober

Als ihr mich ansaht, haben eure Augen eure Gnade in mich geprägt.

Und die meinen haben dadurch verdient, das, was sie in euch erkannten, anzubeten.

Johannes vom Kreuz

In Jennifer vereinen sich Eleganz und Weiblichkeit. Frankreich

21. Oktober

In der Freundschaft, von der ich spreche, vermischen sich und verschmelzen [die Seelen] des einen und anderen auf eine so universale Weise, dass sie die Nahtstellen auslöschen und man nicht mehr die sie verbindenden Nähte wiederfindet. Wenn man mich drängt, zu sagen, weshalb ich ihn geliebt habe, spüre ich, dass es sich nicht anders ausdrücken lässt als mit den Worten: Weil er es war, weil ich es war. Michel de Montaigne

Im Nærøfjord, einem der beeindruckendsten Fjorde Norwegens

22. Oktober

Ein einziges Wesen fehlt ihnen,
und alles ist entvölkert.

Alphonse de Lamartine

Der menschenleere Europapark in Annecy
nach einem Schneefall, Frankreich

23. Oktober

Gelobt seist Du, mein Herr, durch Bruder Wind und durch Luft und Wolken und heiteren Himmel und jegliches Wetter, durch welches Du Deinen Geschöpfen den Unterhalt gibst. Gepriesen seist Du, mein Herr, durch Schwester Wasser, gar nützlich ist sie und demütig und rein.

Franz von Assisi

Gletscherfluss am Hnausapollur im Herzen Islands, wo alle Wasserläufe Trinkwasserqualität besitzen.

24. Oktober

Die christliche Schönheit ist nichts Gegebenes, sondern ein Ereignis. Ein Liebesereignis, das immer und aufs Neue in der Geschichte auf schöpferische und poetische Weise vom tragischen Wahnsinn und der Schönheit der Liebe erzählt. Enzo Bianchi

In der Kirche San Maurizio in Venedig werden in einer Dauerausstellung Musikinstrumente gezeigt, die zum größten Teil venezianischen Ursprungs sind. Italien

25. Oktober

Ein Baum braucht zwei Dinge: Substanz unter der Erde und äußere Schönheit. Bäume sind sachliche Geschöpfe, aber sie werden von einer Kraft der Eleganz angetrieben. Die Schönheit, deren sie bedürfen, ist der Wind, das Licht, es sind die Grillen, die Ameisen und eine Gruppe von Sternen, auf die hin die Zweige ausgerichtet sind. Erri de Luca

Lavendelfelder kurz vor der Ernte in der Drôme Provençale, Frankreich

26. Oktober

Die Künste sind das sicherste Mittel, sich der Welt zu entziehen;
sie sind auch das sicherste Mittel, sich mit ihr zu vereinigen.

Franz Liszt

Während der Karnevalszeit gestattet die Anonymität der berühmten venezianischen Masken und Kostüme jede Verwegenheit. Italien

27. Oktober

Es ist an uns, in diesen Zeichen der sichtbaren Schönheit eine noch größere Schönheit sehen zu lernen, die unsichtbare Schönheit, die Schönheit, die sich in alle Ewigkeit manifestieren wird.

Schwester Emmanuelle

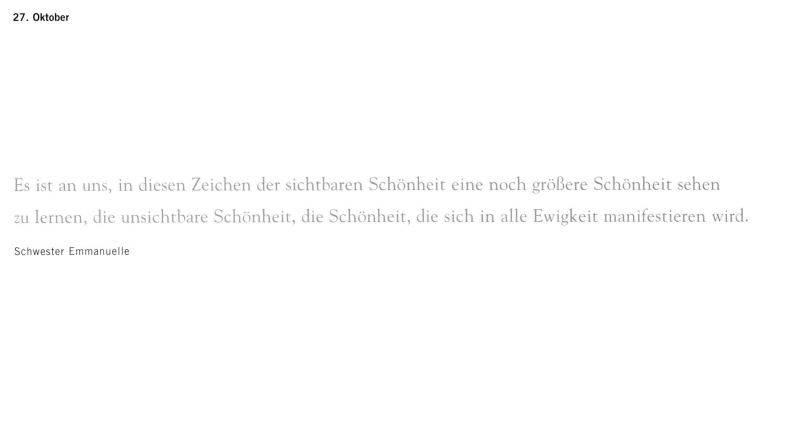

Grace, eine zwanzigjährige Amerikanerin während ihres Urlaubs in Venedig, ähnelt der »Venus« von Botticelli. Italien

28. Oktober

Das Meer, die Erde mit dem Himmel, das Feuer, der Wind,

Die ewige Welt, in der wir leben,

Die Sterne so fern, die uns beinahe anflehen,

Die beinahe eine Hand sind, die die Augen streichelt.

Vicente Aleixandre

Herbstzauber auf dem Land, Frankreich

29. Oktober

Schönheit wird die Welt retten.

Fjodor Dostojewski

Die sienesische Hügellandschaft in der Toskana, Italien

30. Oktober

Und wozu Dichter in diesen dürftigen Zeiten? Friedrich Hölderlin

Der alte Bauernhof von Dúvugarðar, heute ein Museum, verdeutlicht, welch schwierige Lebensbedingungen früher auf den Färöer-Inseln, einer autonomen Provinz von Dänemark, herrschten.

31. Oktober

Wir Zigeuner sind die Prinzen der schmutzigen Straßen … Unser ganzer Reichtum besteht darin, das Elend in Schönheit zu verwandeln. Jean-Marie Kerwich

Am Strand während der Wallfahrt der Sinti und Roma in Saintes-Maries-de-la-Mer, Frankreich

1. November

Das Schöne ist das Wahre, das Wahre ist das Schöne – das ist alles, was du auf der Welt weißt und was du wissen sollst. John Keats

Säulengang im Kreuzgang des Klosters von Monreale auf Sizilien, Italien

2. November

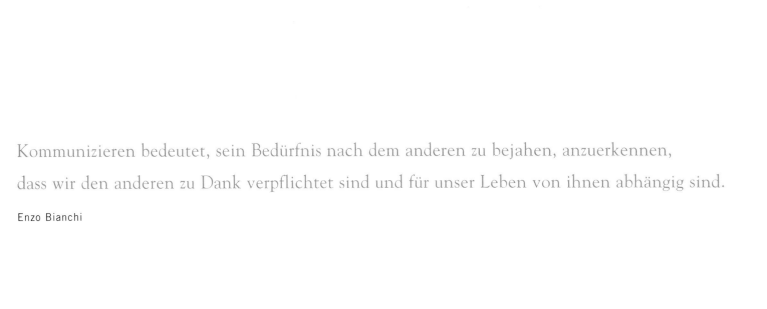

Kommunizieren bedeutet, sein Bedürfnis nach dem anderen zu bejahen, anzuerkennen, dass wir den anderen zu Dank verpflichtet sind und für unser Leben von ihnen abhängig sind.

Enzo Bianchi

Die Pont des Amours (Liebesbrücke), eine romantische Fußgängerbrücke am Lac d'Annecy, Frankreich

3. November

Betrachte die Schönheit in der Arbeit der Menschen. Suche die unauffällige Gegenwart Gottes.

Anonym

Feldarbeit in der Drôme Provençale, Frankreich

4. November

Mein größtes Glück ist, wenn meine Seele weit aus ihrer irdenen Stätte flüchtet, in einer windigen Nacht, wenn der Mond klar ist, wenn das Auge die Welten aus Licht zu durchstreifen vermag – wenn ich nicht mehr bin, wenn es nichts mehr gibt – weder Erde noch Meer, noch wolkenlosen Himmel – außer einem Geist auf Reisen in der unendlichen Weite. Emily Brontë

Eine junge Sinti, berauscht vom heftigen Wind und den hohen Wellen des Mittelmeeres an einem stürmischen Tag. Frankreich

5. November

Alles, was schön ist, ist so schwierig wie es selten ist. Baruch de Spinoza

Die größte Klosterbibliothek der Welt in der Benediktinerabtei von Admont, gegründet 1074, beherbergt kostbare und seltene Bücher. Österreich

6. November

Wir sind niemals zu Hause, wir sind immer darüber hinaus. Die Angst, das Verlangen, die Hoffnung treiben uns der Zukunft entgegen. Michel de Montaigne

Im Hafen von Risor im Süden Norwegens

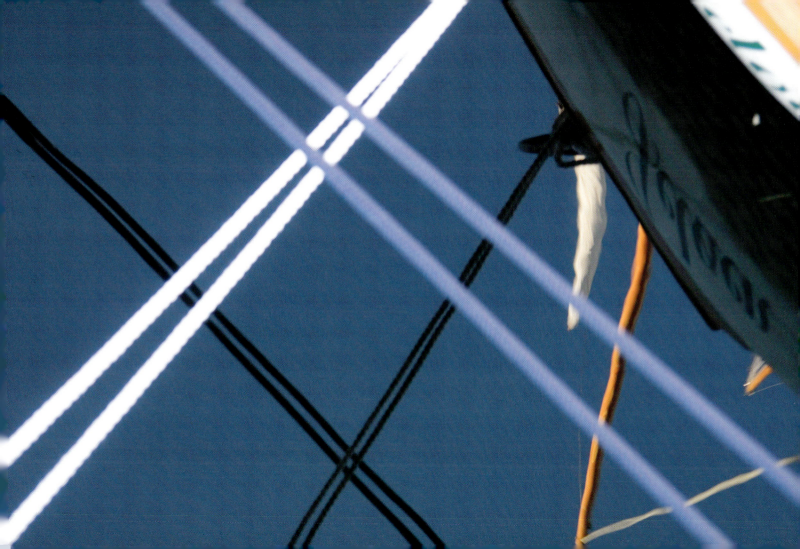

7. November

Die Liebe, das ist das Absolute, das Unendliche, es ist das Relative und das Begrenzte. Daher rühren alle Geheimnisse und die tiefe Zerrissenheit des Menschen, wenn die Liebe in das Leben eindringt. Es ist nicht groß genug, um sie zu fassen. Victor Hugo

Marie Constance, die die Geburt von Calypso in etwa einem Monat erwartet. Italien

8. November

Ihr sollt nicht wähnen, dass ich gekommen bin, das Gesetz oder die Propheten aufzulösen, ich bin nicht gekommen aufzulösen, sondern zu erfüllen. Matthäusevangelium, 5,17

Der Zauber der Landschaft in der Drôme Provençale, Frankreich

9. November

Man sollte intuitiv handeln, dem tiefen Gesetz der Liebe gehorchen, das auf eine absolute Toleranz gegründet ist. Ein Gesetz, das zulässt oder zugibt, dass die Dinge so sind, wie sie sind. Die wahre Liebe zweifelt niemals, qualifiziert niemals, lehnt niemals ab, noch verlangt sie etwas. Sie erneuert sich, indem sie einen Kreislauf bis in die Ewigkeit wiederherstellt. Sie brennt, denn sie kennt den wahren Sinn eines Opfers. Sie ist das erleuchtete Leben. Henry Miller

Ein Schwan auf dem Lac d'Annecy, der für seine gute Wasserqualität berühmt ist. Frankreich

10. November

Sie suchen einen Sinn in Ihrem Leben? Fragen Sie sich, wen und wie Sie lieben können.

Schwester Emmanuelle

Simone und Marie Constance, 21 Jahre, Italien

11. November

O unfehlbarer Weg,

der alles durchdringt,

Himmel, Erde und Abgründe.

Du bist das Bindeglied aller Wesen.

Hildegard von Bingen

GEGENÜBERLIEGENDE UND FOLGENDE DOPPELSEITE: Landmannalaugar, eine der beeindruckendsten Gegenden Islands und ein Paradies für Wanderer

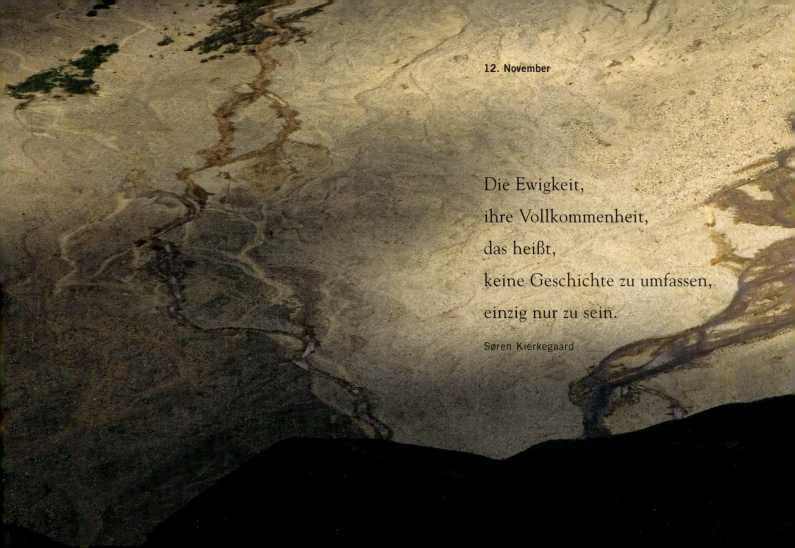

12. November

Die Ewigkeit,
ihre Vollkommenheit,
das heißt,
keine Geschichte zu umfassen,
einzig nur zu sein.

Søren Kierkegaard

13. November

Hier mein Geheimnis. Es ist ganz einfach: Man sieht nur mit dem Herzen gut. Das Wesentliche ist für die Augen unsichtbar. Antoine de Saint-Exupéry

Während einer religiösen Prozession in der Karwoche in Granada, Spanien

14. November

Die wahre Harmonie bleibt die Entfaltung eines jeden Menschen und aller Menschen.
Papst Paul VI.

In der Hügellandschaft um Siena in der Toskana, die lange als unwirtlich angesehen wurde,
ist dank der Bewässerung heute der Anbau von Getreide, Viehfutter und Sonnenblumen möglich. Italien

15. November

Die Seele, die nicht mehr von der Angst vor der Zukunft und der Besessenheit von der Vergangenheit berührt wird, die Seele ohne Fieber, ohne Geschäftigkeit und ohne Ungestüm erkennt schließlich das süße Sich-Ergeben in die Gegenwart. Vladimir Jankélévitch

Lamprini, 88 Jahre alt, lebt mit ihren Ziegen in den Bergen der Insel Tinos. Griechenland

16. November

Wenn ich manchmal das Gefühl habe, meine Zeit sei unausgefüllt, dann denke ich an jene, die gleichzeitig in vielen Teilen der Welt abläuft und die sich nahe an der meinen ereignet: Da sind die Bäume, die Pollen verstreuen, Frauen, die eine Sperrung des Wassers erwarten, ein Junge, der einen Vers von Dante studiert, tausend Pausengongs, die in allen Schulen der Welt erklingen, Wein, der beim Abstich fermentiert, all diese Dinge, die gleichzeitig geschehen und die, indem sie ihre Zeit mit der meinen verknüpfen, ihr Fülle verleihen. Erri de Luca

Frühling in der Schlucht von Albuñuelas in Andalusien, Spanien

17. November

Die kleinen Dinge scheinen nichtig zu sein, aber sie schenken Frieden. Georges Bernanos

Auf dem stillen Platz von Parikia auf der Kykladen-Insel Paros, Griechenland

18. November

Gegensätzliches ist nützlich, und aus dem Widerstreitenden entsteht die schönste Harmonie; alles entsteht aus dem Unfrieden. Heraklit

Nordfriesland, wo die Energiegewinnung aus Wind bereits sehr weit entwickelt ist, ist eines der beliebtesten Urlaubsgebiete Deutschlands.
FOLGENDE DOPPELSEITE: Das »Wunder des Okzidents«, der Mont-Saint-Michel, erhebt sich im Herzen einer riesigen Bucht, die die stärksten Gezeiten Europas aufweist. Frankreich

19. November

Schönheit ist die Harmonie des Zufalls und des Guten.

Simone Weil

20. November

Das Dunkle und die Transparenz. Die Philosophie … ist eine Transformation des Heiligen in das Göttliche, das heißt des Tiefsten, Dunkelsten, Verdichtetsten, ewig Dunklen, das jedoch danach strebt, im Licht und als Licht errettet zu werden. Maria Zambrano

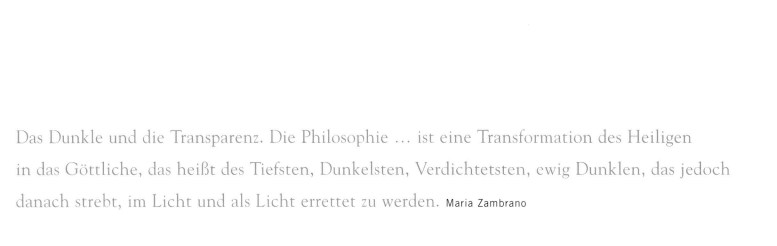

Gewitter in einem Kiefernwald in der Bretagne, Frankreich

21. November

Man muss das Leben predigen, nicht den Tod; Hoffnung verbreiten und nicht Furcht; und gemeinsam die Freude, den wahren Schatz der Menschen, pflegen. Das ist das große Geheimnis der Weisen, und es wird das Licht von Morgen sein. Alain

Eine Großmutter genießt mit ihrem Enkelkind die Fahrt auf einem Karussell in Florenz. Italien

22. November

Denken ist die Arbeit des Intellekts, Träumen sein Vergnügen. Victor Hugo

23. November

Alles liegt in der Bewegung des Herzens: Es gibt dort nichts, wenn das Herz nicht dabei ist; und wenn das Herz dabei ist, wird alles gerettet, durch ein neues Licht verwandelt. Nein, nichts wird überhaupt begonnen, wenn das Herz nicht dabei ist. Vladimir Jankélévitch

Gemeinsame Freude während einer religiösen Prozession in der Karwoche in Granada, Spanien

24. November

Rührt euch nicht, lasst den Wind erzählen:
Das Paradies ist da. Ezra Pound

Tonnara di Scopello, ein Ort großer Schönheit in der Nähe des Naturreservats Zingaro auf Sizilien, Italien

25. November

Doch liebe ich ein gewisses Licht, eine gewisse Stimme, einen gewissen Geruch, eine gewisse Speise, eine gewisse Umarmung, wenn ich meinen Gott liebe, das Licht, die Stimme, den Geruch, die Speise, die Umarmung meines inneren Menschen. Augustinus

Bodenmosaik in der Kirche Santa Maria del Fiore, der Kathedrale von Florenz, Italien
FOLGENDE DOPPELSEITE: Die sienesische Hügellandschaft, die zahlreiche Künstler, Maler, Dichter, Schriftsteller und Filmemacher inspiriert hat. Italien

26. November

Es gibt allerdings Unaussprechliches.
Dies zeigt sich, es ist das Mystische.

Ludwig Wittgenstein

27. November

Tritt vorsichtig auf, denn du gehst auf meinen Träumen. William Butler Yeats

28. November

Nur das Weitergehen mit den anderen ist von Bedeutung. Marceline Loridan-Ivens

Landmannalaugar ist eine der beeindruckendsten Gegenden Islands und ein Paradies für Wanderer.

29. November

Glaube ist eine Verpflichtung uns selbst gegenüber, Gott in uns. Annick de Souzenelle

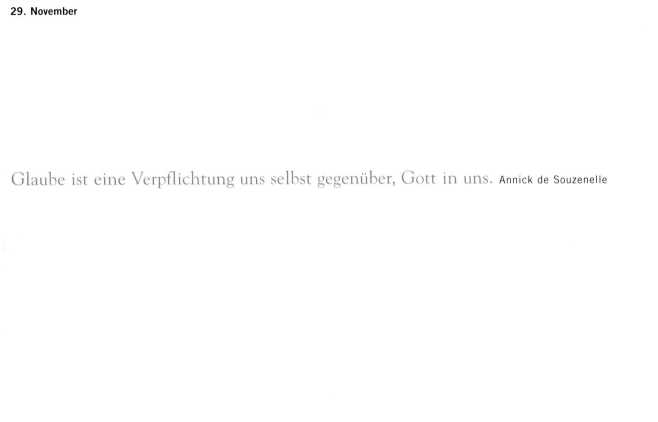

Lesepult in der Kirche Panaghia Evanghelistria (Unserer lieben Frau der Verkündigung) auf der Insel Tinos, einem der wichtigsten Wallfahrtsorte der orthodoxen Kirche, Griechenland

30. November

Das Ziel der Kunst ist nicht, einen momentanen Adrenalinstoß auszulösen, sondern es geht vielmehr darum, über das ganze Leben hinweg an einem stetigen Aufbau eines Zustands von Staunen und Gelassenheit zu arbeiten. Glenn Gould

Im Hafen von Risor im Süden Norwegens

1. Dezember

Erfülle uns mit Liebe und mache, dass uns die Liebe miteinander verbinde, während wir unsere verschiedenen Wege gehen. Thomas Merton

Das Dorf am Fuße des Mont-Saint-Michel, in dem seit je Handel getrieben wurde. Frankreich

2. Dezember

Ich glaube an die Berufung jedes Einzelnen von uns. Wir werden von einem Weg angezogen, der uns entspricht. Wollen wir die Grundlagen für unser Glück schaffen, müssen wir erkennen, was uns in eine derartige Lebenssituation bringt. Auf diese Weise wird sich unser Wesen entfalten.

Schwester Emmanuelle

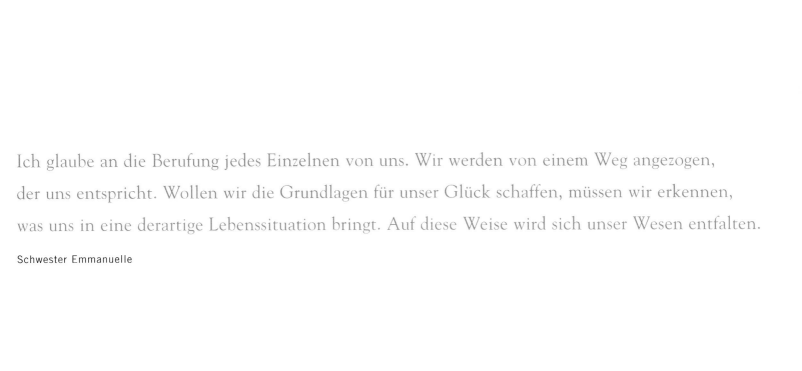

Der Lavezzi-Archipel im Süden Korsikas ist ein Paradies für Spaziergänger, Segler und Taucher. Frankreich
FOLGENDE DOPPELSEITE: Nieves in Granada, Spanien

3. Dezember

Die Entfaltung der Seele besteht nicht darin,
viel zu denken, sondern viel zu lieben.

Theresa von Avila

4. Dezember

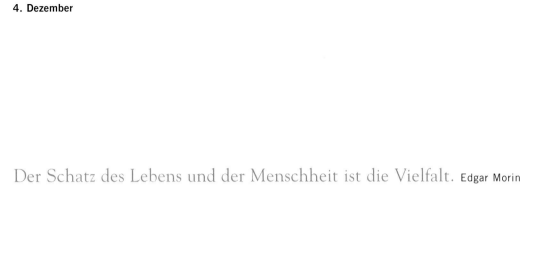

Der Schatz des Lebens und der Menschheit ist die Vielfalt. Edgar Morin

Farbenpracht des Herbstwaldes im Gruyère, Schweiz

5. Dezember

Ich glaube, es wäre hilfreich, die Frage der ökologischen Krise als eine Krise der Wahrnehmung anzusehen, eine Krise der Art und Weise, wie wir mit unserem Körper, den Tieren, den Klängen, den Gerüchen, der Welt um uns herum umgehen. Es sieht so aus, als nähmen wir die Wälder, die Berge, die Flüsse nicht mehr als so lebendig wahr wie uns selbst. David Abram

Abenddämmerung auf der Insel Patmos, Griechenland

6. Dezember

Du sollst nicht Verzweiflung kennen,
wenn des Nachts die Sterne brennen,
wenn der Abend still den Tau ausgießt
und das goldene Licht des Morgens fließt.
Nicht Verzweiflung – auch wenn Tränen
fließen in so manchen Stunden:
Sind denn nicht die teuersten deiner Jahre
Ewig um dein Herz gewunden?

Sie weinen, du weinst, so muss es sein seit je;
wo du seufzt, seufzt auch der Wind erneut,
der Winter weint seinen Kummer als Schnee,
wo des Herbstes Blätter hingestreut:
Doch neues Leben stets daraus entsteht,
ihr Los ist von dem deinen nicht zu trennen,
und wenn dann weiter deine Reise geht,
mag man's nicht Jubel, doch auch nicht
Verzweiflung nennen.

Emily Brontë

Flammender Sonnenuntergang im Südwesten Frankreichs

7. Dezember

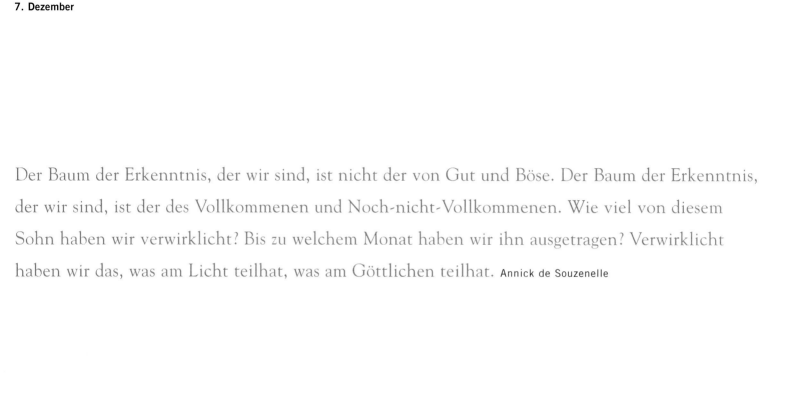

Der Baum der Erkenntnis, der wir sind, ist nicht der von Gut und Böse. Der Baum der Erkenntnis, der wir sind, ist der des Vollkommenen und Noch-nicht-Vollkommenen. Wie viel von diesem Sohn haben wir verwirklicht? Bis zu welchem Monat haben wir ihn ausgetragen? Verwirklicht haben wir das, was am Licht teilhat, was am Göttlichen teilhat. Annick de Souzenelle

Junger Dudelsackspieler während des Braemar Royal Highland Gathering, den traditionellen Sportwettkämpfen Schottlands, Großbritannien

8. Dezember

Würden die Pforten der Wahrnehmung geläutert, so würde dem Menschen alles erscheinen, wie es ist: unendlich. William Blake

Die Bucht von Geranos auf der Insel Patmos, Griechenland

9. Dezember

Auf zu den Dingen an sich! Edmund Husserl

Die einjährige Pema in einem Augenblick unergründlicher Stille, Frankreich
FOLGENDE DOPPELSEITE: Die Hügellandschaft um Siena in der Toskana, Italien

10. Dezember

Im Geheimnis eines Seufzers

Kann der ungesungene Gesang des Friedens keimen.

Nelly Sachs

11. Dezember

Dichtes Wellengemurmel,
Kaum hörbar, der Weizen,
Das Schwirren der Schwingen eines Vogels,
Das Geräusch der Erde, die sich dreht.

Leopoldo Panero

Kleine Scheune in den Feldern der Steiermark, Österreich

12. Dezember

Durch Anfänge, die kein Ende haben, schreiten wir von Anfang zu Anfang. Gregor von Nyssa

Kreuzfahrtschiff in der Morgendämmerung im Aurlandsfjord, einem der eindrucksvollsten Fjorde Norwegens

13. Dezember

Die Gegensätze können aber nicht rational aufgelöst und von einem Prinzip hergeleitet werden … Die Komponenten im Kräftespiel der Menschenwelt bedingen und ergänzen sich gegenseitig, jede lehrt uns eine Seite am menschlichen Wesen sehen und verstehen. Die Unstimmigkeit stimmt mit sich selbst überein. Ernst Cassirer

Im Vogelpark in der Camargue bei Saintes-Maries-de-la-Mer überwintern zahlreiche Zugvögel. Frankreich

14. Dezember

Der Wunsch, dem Leben Fragen zu stellen, stammt vom Leben selbst, von jenem Teil des Lebens, der noch im Verborgenen ist. Das Leben treibt uns dazu, Fragen zu stellen. Jean Klein

Die sienesische Hügellandschaft, die zahlreiche Künstler, Maler, Dichter, Schriftsteller und Filmemacher inspiriert hat. Italien

15. Dezember

Wie kann man Gewissheit erlangen? Ilya Prigogine

Religiöse Prozession während der Osterwoche in Granada, Spanien

16. Dezember

Zwei mal zwei ist fünf und manchmal eine reizende Sache. Fjodor Dostojewski

Lou, dreieinhalb Jahre alt, auf ihrer ersten großen Reise nach Paris, Frankreich
FOLGENDE DOPPELSEITE: Abenddämmerung am Strand von Xifaras auf der Insel Paros, Griechenland

17. Dezember

Verändern Sie die Ausgangsbedingungen nur geringfügig, so geringfügig, dass es in diesem Augenblick völlig unbedeutend zu sein scheint, und die Evolution wird sich in eine vollkommen andere Richtung entwickeln.

Stephen Jay Gould

18. Dezember

Die Zukunft war leer; sie war das Gebirge. Meine Träume waren bevölkert von emotionalen Präsenzen. Ich war, ich war nicht mehr. Das Leben war real. Michel Houellebecq

Das berühmte Karussell *Manège au Pâquier* am Ufer des Lac d'Annecy, das die Herzen aller Generationen erfreut. Frankreich

19. Dezember

Das Christentum ist ein Aufruf … aus seinem Leben ein Meisterwerk der Liebe zu machen.

Enzo Bianchi

Lou, dreieinhalb Jahre alt, mit ihrem Vater Rémi, Frankreich

20. Dezember

Wer ist denn mein Nächster?

Lukasevangelium, 10,29

»Getrennt von allen, sind wir eins mit allen, damit wir stellvertretend für alle vor dem lebendigen Gott stehen.« Statut 34,2 des Kartäuserordens.
Vater Alois in der Kartause von La Valsainte in der Schweiz

21. Dezember

Wir sind die Kinder der Geschichte und müssen unseren eigenen Weg in dem reichsten und interessantesten der Universen gehen, das unserem Leiden gegenüber gleichgültig ist und uns daher ein Höchstmaß an Freiheit gewährt, damit wir uns entfalten können oder die volle Verantwortung für ein Fiasko tragen. Stephen Jay Gould

Anne-Marie, eine Sinti aus Holland, tanzt während der Wallfahrt der Sinti und Roma in Saintes-Maries-de-la-Mer. Frankreich

22. Dezember

Die kulturelle Zukunft des Menschen ist, was ihn angeht, in vollem Gange.
Er ist sich gewiss, dass das Tempo dieser Evolution noch zunehmen wird.
Die Grundlage der Kultur ist die Kommunikation. Luca Cavalli-Sforza

Die Basilius-Kathedrale auf dem Roten Platz in Moskau, Inbegriff traditioneller russischer Architektur

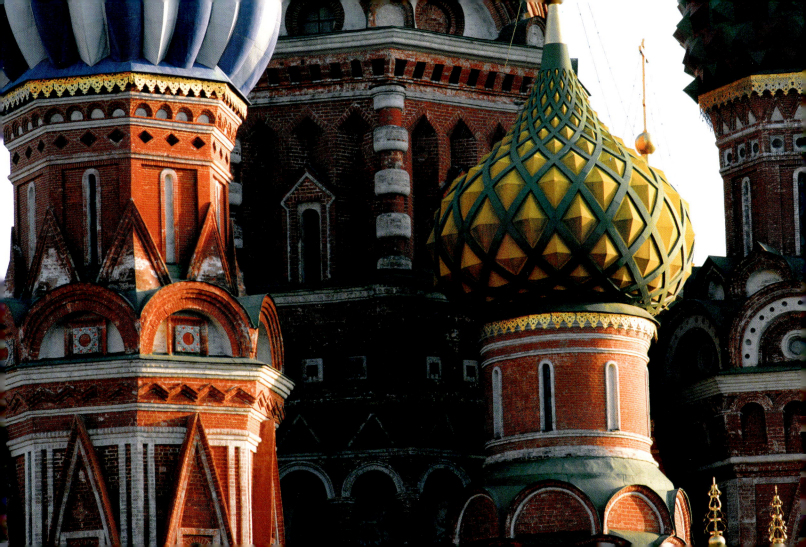

23. Dezember

Niemand ist heute nur dieses oder jenes. Inder, Frau, Moslem, Amerikaner, diese Etiketten sind lediglich Ausgangspunkte. Edward W. Saïd

Granada in Andalusien, Spanien
FOLGENDE DOPPELSEITE: Das Gebirgsmassiv des Mont-Blanc (4810 Meter) im Herzen Europas zwischen Italien und Frankreich

24. Dezember

Ursprünglicher Grund, in dem alles verbunden ist,

Wo Keim das Wort und wo das Wort Keim ist,

Wo Abgrund Gipfel ist und Gipfel Abgrund.

François Cheng

25. Dezember

Der größte Ausdruck von Weisheit ist eine ständige Lebensfreude:
Ihr Zustand gleicht den Dingen jenseits des Mondes: immer gelassen.

Michel de Montaigne

Das Feuchtgebiet der Camargue ist eines der wichtigsten Überwinterungsgebiete für Zugvögel in Europa. Frankreich

26. Dezember

Das Wesentliche an der Kunst bleibt ihre Daseins-Vollendung, ihr Hervorbringen der Vollkommenheit und Fülle; Kunst ist wesentlich Bejahung, Segnung, Vergöttlichung des Daseins. Friedrich Nietzsche

Der Herbst ist in jedem Land mit gemäßigtem Klima eine Quelle des Entzückens und der Inspiration.

27. Dezember

Mut besteht nicht darin, einen schrecklichen Ausgang zu prophezeien, sondern mit allem Wissen und Nichtwissen, das uns zur Verfügung steht, alles uns Mögliche zu tun, um die Hoffnung bis zum letzten Atemzug aufrechtzuerhalten. Jeanne Hersch

28. Dezember

Ich weiß nicht, was ich für die Welt bedeuten kann, aber für mich war ich nur ein Kind, das am Ufer des Meeres spielte und sich damit vergnügte, einen Kiesel glatter als den nächsten oder eine Muschel schöner als die andere zu finden, während der Ozean der Wahrheit sich in unerreichbare Ferne ausdehnte. Isaac Newton

Die Bucht von Rhossili in Wales, eine der schönsten Gegenden Großbritanniens

29. Dezember

Der Weg trägt dich

in eine wunderbare Wüste,

die breit, die weit,

ohne Maß da liegt.

Die Wüste hat

weder Zeit noch Ort,

ihre Weise, die ist sonderbar.

Meister Eckhart

Ein Fjord in der Gegend von Maniitsoq, Grönland

30. Dezember

Das Denken erlebt seine Abenteuer nur aufs Neue, um sich immer wieder neu zu erschaffen.

Henri Pena-Ruiz

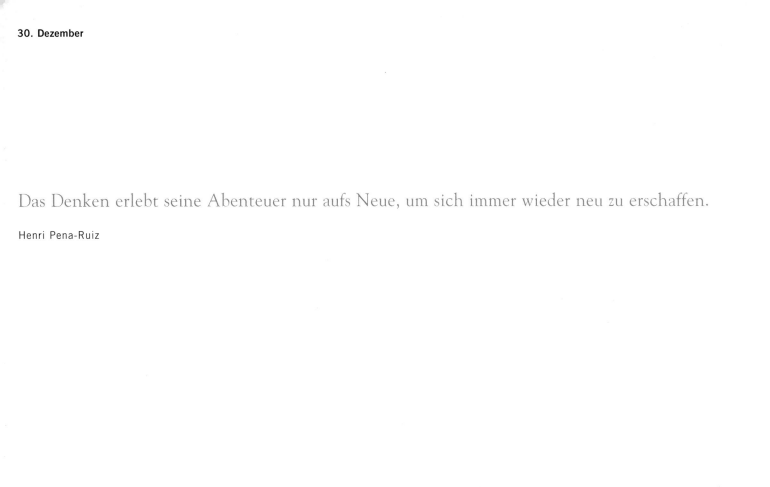

Lavendel und Mohnblumen gehören zum Charme der Drôme Provençale, Frankreich
FOLGENDE DOPPELSEITE: Auf der Piazza Navona in Rom, die für ihre Porträtkünstler und ihr lebhaftes Treiben berühmt ist. Italien

31. Dezember

Freund, es ist auch genug.

Im Fall du mehr willst lesen,
So geh und werde selbst die Schrift und selbst das Wesen.

Angelus Silesius

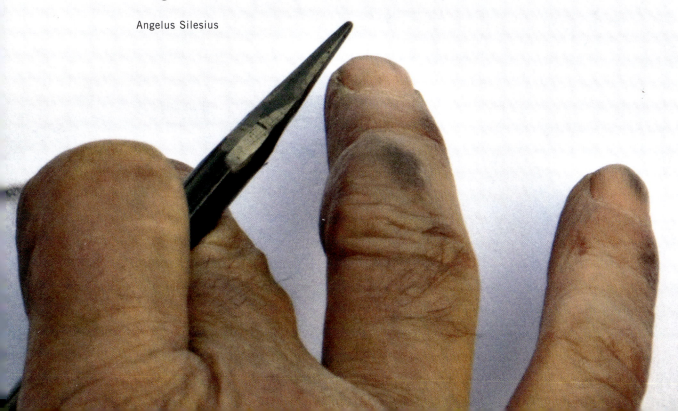

19. X

Bibliografie

ABÉCASSIS, Armand, in *Les textes fondamentaux de la pensée juive*. Le Point, Hors Série, Nr. 16: 21. Januar

ABRAM, David, in *Écologie, spiritualité: la rencontre*. Éditions Yves Michel, 2007: 5. Dezember

ALAIN, *Propos sur le bonheur*. Éditions Gallimard, 1928: 21. November

ALEIXANDRE, Vicente, in *Anthologie bilingue de la poésie espagnole*. Éditions Gallimard, Pléiade, 1995: 28. Oktober

ANDERSEN, Hans Christian, *H. C. Andersen, Eventyr og historier*. Éditions Gyldendal, 1905: 19. Januar

ANGELUS SILESIUS, *L'errant chérubinique*. Éditions Arfuyen, 1993: 27. Januar; 31. Dezember

ANONYM: 13. März; 3. November

ARENDT, Hannah, *Über die Revolution*. Büchergilde Gutenberg, Frankfurt a. M., 1968: 28. Juli
– zugeschrieben: 23. Juni

ARISTOTELES, *Grands livres d'éthique*. Éditions Arléa, 1992: 23. Juli

ATHENAGORAS I. (Patriarch von Konstantinopel), in Olivier Clément, *Dialogues avec le patriarche Athénagoras*. Librairie Arthème Fayard, 1969: 1. Juni; 14. Juli

AUGUSTINUS, *La cité de dieu*. Éditions Charpentier, Paris, 1855: 5. Februar
– in *Actualité des religions*, »Les grands maîtres« Nr. 1, April 2002: 23. Februar
– *Le temps de dieu*. Éditions du Seuil, 2008: 11. Juni
– *Confessions*. Éditions Les Belles Lettres, 1925: 25. November
– in Julia Kristeva, *Étrangers à nous-mêmes*. Librairie Arthème Fayard, 1988: 19. September

BALTHUS (Balthazar Klossowski, genannt), in *Le Figaro*, 29.02.1996: 30. März; 13. September; 16. Oktober

BARJAVEL, René, *La faim du tigre*. Éditions Denoël, 1966: 30. April

BAUMAN, Zygmunt, »Pouvoir et insécurité. Une généalogie de la peur officielle«, *Esprit*, 11/2003, Nr. 11: 27. Juli

BERNANOS, Georges, *La France contre les robots*. Éditions Robert Laffont, 1947: 12. Juli
– *Journal d'un curé de campagne*. Éditions Librairie Plon, 1936: 8. Oktober; 17. November

BERNHARD von CHARTRES, in F. Lejeune, *Le metalogicon de Jean de Salisbury: recherches, traduction et commentaire*. Diss. Paris, 1997: 28. April

BERNHARD von CLAIRVAUX, *Œuvres complètes de Saint Bernard.* Éditions Louis de Vives, Paris, 1865 ff.: 10. Januar; 15. Februar
– *De consideratione.* Éditions du Cerf, 1986: 9. März
BIANCHI, Enzo, *Vie intérieure, vie spirituelle.* Prieuré de Bose: 17. Februar; 14. Mai
– *Les mots de la vie intérieure.* Éditions du Cerf, 2001: 7. Juni, 22. und 24. Juni; 30. Juli; 3. und 10. August; 4. und 24. Oktober; 2. November; 19. Dezember
– *Einheitsübersetzung der Heiligen Schrift.* Katholische Bibelanstalt, 1980: 13. Februar, 18. September, 15. Oktober, 8. November, 20. Dezember
BLAKE, William, *Œuvres III, Le mariage du ciel et de l'enfer.* Éditions Flammarion, 1980: 8. Dezember
BOHR, Niels, in *On becoming a leader.* Éditions Addison-Wesley Pub. CO, 1990: 3. Juni
BRANDES, Georg, *Samlede skifter.* Éditions Gyldendal, 1901: 8. Mai
BRONTË, Emily, in *Anthologie bilingue de la poésie anglaise.* Éditions Gallimard, Pléiade, 2005: 4. November
– *Poèmes.* Éditions Gallimard, 1994: 6. Dezember
CALVIN, Jean, *Calvin d'après Calvin.* J. Cherbuliez, Genf, 1864: 13. April
CALVINO, Italo, *Aventures.* Éditions du Seuil, 1998: 19. Februar
CASSIRER, Ernst, *Essai sur l'homme.* Éditions de Minuit, 1975: 13. Dezember

CAVALLI-SFORZA, Luca, *Gènes, peuples et langues.* Éditions Odile Jacob, 1996: 22. Dezember
CERVANTES, Miguel de, *Don Quichotte.* Éditions Gallimard, Pléiade, 1949: 16. April
CHAMOISEAU, Patrick: siehe GLISSANT
CHENG, François, *Qui dira notre nuit.* Éditions Arfuyen, 2003: 24. Dezember
CHODERLOS de LACLOS, Pierre, *Les liaisons dangereuses.* Éditions Gallimard, 2003: 24. Juli
CHOMSKY, Noam, in *La Vie,* Nr. 3294, 16.–22.10.2008: 21. März
CICERO, *Des termes extrêmes, des biens et des maux,* in Julia Kristeva, *Étrangers à nous-mêmes.* Librairie Arthème Fayard, 1988: 11. August
CIORAN, Emil, *La tentation d'exister,* in *Œuvres.* Éditions Gallimard, Quarto, 1995: 15. September
COHEN, Hermann, *Religion de la raison, tirée des sources du Judaïsme.* PUF, 1994: 23. September
CONRAD, Joseph, *Souvenirs personnels,* in *Œuvres complètes,* III. Éditions Gallimard, Pléiade, 1987: 8. Februar
CYRULNIK, Boris und MORIN, Edgar, *Dialogue sur la nature humaine.* Éditions de l'Aube, 2000: 17. Mai
DANTE, *La divine comédie, Paradis.* Éditions Albin Michel, 1949: 11. April
DARWIN, Charles, *La descendance de l'homme et la sélection sexuelle.* Éditions C. Reinwald, Paris, 1872: 19. Juni
Déclaration des droits de l'homme et du citoyen (1789): 4. Juni; 21. Juni

DESCARTES, René, *Discours de la méthode,* in *Œuvres philosophiques I.* Classiques Garnier, 1988: 19. März; 7. Mai
DIAMOND, Jared, *Effondrement.* Éditions Gallimard, 2006: 27. August
DICKINSON, Emily, in Roberto Juarroz, *Fidélité à l'éclair.* Éditions Lettres vives, 2001: 4. Mai
DIDEROT, Denis, *Entretiens sur le fils naturel,* in *Œuvres complètes,* VI. A. Belin, Paris, 1819: 29. September
DONNE, John, in *Anthologie bilingue de la poésie anglaise.* Éditions Gallimard, Pléiade, 2005: 4. Januar
DOSTOJEWSKI, Fjodor, *L'idiot.* Éditions Gallimard, Pléiade, 1953: 29. Oktober
– *Mémoires écrits dans un souterrain.* Éditions Gallimard, 1949: 16. Dezember
DURCKHEIM, K. G., in Rachel und Alphonse Goettman, *Graf Durckheim, Images et aphorismes.* Éditions Dervy, 2008: 6. Februar
ECKHART (Meister), *Granum sinapis,* Übersetzung in Werner Beierwaltes, *Platonismus im Christentum.* Klostermann, Frankfurt a. M., 1998: 3. Januar; 6. Mai; 29. Dezember
ECO, Umberto, in *Le Point,* 15.02.2002: 5. Oktober
– *Le nom de la rose.* Éditions Grasset & Fasquelle, 1982: 1. August
Edda. Récits de mythologie nordique. Éditions Gallimard, 1991: 1. Januar
EINSTEIN, Albert, *Mein Weltbild,* hrsg. von C. Seelig. Ullstein, Berlin, 1960: 23. März

– *Einstein sagt,* hrsg. von A. Calaprice. Piper, München, 2005: Vorsatzblatt; 29. Juni; 16. August
– zugeschrieben: 29. Mai; 2. August; 22. August
ELIOT, T. S., *The rock.* Faber, London, 1934: 26. März
EMERSON, Ralph Waldo, *Essais I.* Éditions Michel Houdiard, 2005: 16. September
EMMANUELLE (Schwester), *Vivre, à quoi ça sert?* Éditions Flammarion, 2004: 4. August; 1. Oktober; 10. November
– *Mon testament spirituel.* Presses de la Renaissance, 2008: 30. August; 4. und 11. September; 18. und 27. Oktober; 2. Dezember
EPIKTET, *Manuel,* Éditions Hachette, Paris, 1889: 9. Februar
EPIKUR, *Lettre à Ménécée,* in Diogène Laërce, *Vies, doctrines et sentences des philosophes illustres.* Éditions Garnier, 1933: 26. Juli
Épopée de Gilgameš. Éditions Gallimard, 1992: 2. Januar
ERASMUS, *De pueris. De l'éducation des enfants.* Éditions Klincksieck, 1990: 8. Januar
FAVIER, Jean, *De l'or et des épices.* Librairie Arthème Fayard, 1987: 9. Januar
FONTENELLE, *Du bonheur.* Éditions F. Cocheris et fils, 1806: 8. September
FRANZ von ASSISI, *Œuvres.* Mme Vve Poussielgue-Rusand, Paris, 1868: 23. Oktober
– in Ivan Gobry, *Saint François d'Assise et l'esprit franciscain.* Éditions du Seuil, 2001: 27. April; 23. Mai; 11. Juli; 21. Juli
– »Prière de la paix«, zugeschrieben: 27. September

FRANZ von SALES, *Œuvres complètes.* Éditions Albanel et Martin, 1839: 28. Juni
FREUD, Sigmund und EINSTEIN, Albert, *Warum Krieg?* Wilhelm Frick Verlag, Wien, 1953: 27. März
GASCOYNE, David, in *In memory of WB Yeats, Poésie britannique des années trente.* P. U. de Bordeaux, 1996: 6. Oktober
– *Prélude for a new fin-de-siècle,* http://temporel.fr, 29.9.2007: 2. September
GÉRALDY, Paul, *L'homme et l'amour.* Éditions Hachette, 1951: 17. Oktober
GIDE, André, *Journal 1889–1939.* Éditions Gallimard, Pléiade, 1977: 21. September
GLISSANT, Édouard, *Lettre ouverte à Messieurs les Présidents des Conseils Régional et Général et à tous les élus de la Martinique:* 29. April
GLISSANT, Édouard und CHAMOISEAU, Patrick, *L'intraitable beauté du monde. Adresse à Barack Obama.* Éditions Galaade, 2009: 12. August; 30. September
GODELIER, Maurice, *L'énigme du don.* Librairie Arthème Fayard, 1996: 30. Juni; 6. Juli
GOETHE, Johann Wolfgang, *Unterhaltungen deutscher Ausgewanderten,* in *Sämtliche Werke,* hrsg. von W. Vosskamp und H. Jaumann. Deutscher Klassiker Verlag, Frankfurt a. M., 1992, I/9: 3. Oktober
– *Maximen und Reflexionen* in *Sämtliche Werke,* hrsg. von W. Vosskamp und H. Jaumann. Deutscher Klassiker Verlag, Frankfurt a. M., 1992, I/13: 17. April

GOULD, Glenn, »Let's ban applause«, in G. Payzant, *Glenn Gould, un homme du futur.* Librairie Arthème Fayard, 1983: 30. November
GOULD, Stephen Jay, *La Vie est belle, les surprises de l'évolution.* Éditions du Seuil, 1991: 17. und 21. Dezember
GOURMONT, Rémy de, *Une nuit au Luxembourg.* Mercure de France, 1912: 6. April
GRACIAN, Baltasar, *El Criticon (2).* Éditions Allia, 1999: 6. März
GREGOR von NYSSA, in Enzo Bianchi, *Les mots de la vie intérieure.* Éditions du Cerf, 2001: 12. Dezember
GUIGO von CASTEL, *Les méditations.* Éditions du Cerf, 2001: 31. Januar; 16. Februar; 13. Juli; 3. September
GUITTON, Jean, *Dieu et la science.* Éditions Grasset & Fasquelle, 1991: 18. Januar
– *Le travail intellectuel.* Éditions Aubier, 1951: 1. Februar
HALL, Edward T., *La danse de la vie.* Éditions du Seuil, 1984: 26. Mai
HAVEL, Václav, *La fête en plein air.* Éditions Gallimard, 1969: 26. Januar
HEGEL, Georg Wilhelm Friedrich, *Werke,* hrsg. von Eva Moldenhauer und Karl Markus Michel. Suhrkamp Verlag, Frankfurt a. M., 2004: 11. Mai
HERAKLIT, in *Les penseurs grecs avant Socrate.* Éditions Garnier-Flammarion, 1941: 22. April; 18. November

HERNANDEZ, Miguel, in *Anthologie bilingue de la poésie espagnole*. Éditions Gallimard, Pléiade, 1995: 9. Oktober

HERSCH, Jeanne, *L'étonnement philosophique.* Éditions Gallimard, 1993: 27. Dezember

HILDEGARD von BINGEN, *Symphonie des harmonies célestes.* Éditions Jérôme Millon, 2003: 11. November

HÖLDERLIN, Friedrich, in *Sämtliche Werke,* hrsg. von Friedrich Beißner. Cotta'sche Buchhandlung, Stuttgart, 1951 ff.: 14. Januar

HOUELLEBECQ, Michel, *La possibilité d'une île.* Éditions Flammarion, 2005: 18. Dezember

HUGO, Victor, *William Shakespeare.* Librairie Internationale, Paris, 1867: 2. Mai; 2. Juli
– *Anthologie de citations du bicentenaire.* Stricto Senso, 2002: 7., 12. und 31. März; 18. Mai; 13. und 18. Juni; 9. und 31. Juli; 26. August; 1., 9. und 17. September; 7. und 22. November
– Inschrift auf einem Denkmal in Caen: 27. Mai

HUGHES, Ted, in *Anthologie bilingue de la poésie anglaise.* Éditions Gallimard, Pléiade, 2005: 28. Februar

HUSSERL, Edmund, Motto: 9. Dezember

IBSEN, Henrik, *The master builder,* in *Four major plays.* Oxford University Press, 1998: 6. Juni
– in Carl Joachim Hambro, *Kortfattet norsk litteraturhitsorie.* Éditions Gyldendal, 1912: 10. Mai

IGNATIUS von LOYOLA, *Exercices spirituels.* Éditions du Seuil, 1982: 24. April

JACQUARD, Albert, *Conférence.* IUFM d'Orléans, am 4.2.2002: 18. Juli

JANKÉLÉVITCH, Vladimir, *Les vertus et l'amour, I et II.* Éditions Flammarion, 1986: 13. Januar; 1. und 2. März; 15., 20. und 25. Mai; 2. und 12. Juni; 4., 8. und 19. Juli; 5., 14. und 22. September; 13. Oktober; 15. und 23. November

JASPERS, Karl, *Vernunft und Existenz, Fünf Vorlesungen.* Piper Verlag, München, 1960: 8. April; 25. April

JOHANNES CHRYSOSTOMOS, in Enzo Bianchi, *Les mots de la vie intérieure.* Éditions du Cerf, 2001: 30. Juli

JOHANNES vom KREUZ, *Le cantique spirituel.* Éditions du Seuil, 1995: 20. Oktober
– *Œuvres complètes.* Éditions du Cerf, 1990: 10. Oktober

JOHANNES PAUL II., *Lettre aux familles.* 2.2.1994: 29. August

JOLLIEN, Alexandre, *Le métier d'homme.* Éditions du Seuil, 2002: 27. Februar; 22. Juni

JONAS, Hans, *Das Prinzip Verantwortung.* Suhrkamp Verlag, Frankfurt a. M., 1984: 23. August

KANT, Immanuel, *Was ist Aufklärung?* in *Werkausgabe,* hrsg. von Wilhelm Weischedel. Suhrkamp Verlag, Frankfurt a. M., 2004: 25. März
– *Grundlagen einer Metaphysik der Sitten,* in *Werkausgabe,* hrsg. von Wilhelm Weischedel. Suhrkamp Verlag, Frankfurt a. M., 2004: 20. Juni
– *Kritik der praktischen Vernunft,* in *Werkausgabe,* hrsg. von Wilhelm Weischedel. Suhrkamp Verlag, Frankfurt a. M., 2004: 20. Januar

KEATS, John, in *Anthologie bilingue de la poésie anglaise*. Éditions Gallimard, Pléiade, 2005: 1. November
KERWICH, Jean-Marie, in *La Vie*, Nr. 3294, 16.–22.10.2008: 31. Oktober
KIERKEGAARD, Søren, *Ou bien... ou bien...*. Éditions Gallimard, 1983: 3. Februar
– *Post-scriptum aux miettes philosophiques*. Éditions Gallimard, 1989: 4. April
– *Samlede vaerker*. Éditions Gyldendal, 1962: 25. Juli
– *Miettes philosophiques*. Éditions Gallimard, 1990: 12. November
– zugeschrieben: 20. August
KLEIN, Jean, *Qui suis-je? La quête sacrée*. Éditions Albin Michel, 1989: 14. Dezember
KRISTEVA, Julia, *Étrangers à nous-mêmes*. Librairie Arthème Fayard, 1988: 25. Februar
KROPOTKIN, Fürst Pjotr, *Paroles d'un révolté*. Éditions C. Marpon et E. Flammarion, Paris, 1885: 10. Juni
KUNDERA, Milan, *La vie est ailleurs*. Éditions Gallimard, 1973: 17. Januar
– *Le livre du rire et de l'oubli*. Éditions Gallimard, 1985: 2. Februar
– *Risibles amours*. Éditions Gallimard, 1994: 14. Oktober
LAMARTINE, Alphonse de, *Méditations poétiques*. Librairie Charles de Gosselin, Paris, 1823: 21. Oktober

LE CLÉZIO, J. M. G., *Dans la forêt des paradoxes, Conférence Nobel*. Fondation Nobel, 2008: 26. April
LEONARDO DA VINCI, *Léonard de Vinci, la peinture*. Éditions Hermann, 2004: 24. Januar
LEOPARDI, Giacomo, *Pensées*. Éditions Allia, 2007: 14. März
LEQUIER, Jules, in *La Vie*, Nr. 3289, 11.–17.9.2008: 5. April
LEVI, Primo, nach *Si c'est un homme*. Éditions Julliard, 1987: 10. April
LÉVI-STRAUSS, Claude, *Le cru et le cuit*. Éditions Plon, 1964: 12. April
– *Tristes tropiques*. Éditions Plon, 1955: 28. Mai; 8. Juni
– *Race et histoire*. Éditions Gallimard, 1987: 27. Juni
LICHTENBERG, Georg Christoph, in Valérie Dupuy, *Les mots pour combattre le racisme*. Éditions Milan, 2007: 15. April
LISZT, Franz, in *L'esprit du geste*. Éditions Question de, 1999: 26. Oktober
LORIDAN-IVENS, Marceline, in *La Vie*, Nr. 3302, 11.–17.12.2008: 28. November
LUCA, Erri de, *Trois chevaux*. Éditions Gallimard, 2001: 20. März; 25. Oktober; 16. November
LUKREZ, *De la nature*. Éditions Aubier, 1993: 7. Januar
LUTHER KING, Martin, *I have a dream*. I have a dream, 1963: 26. Juni
– Gespräch vom 31. März 1968: 24. Februar

MALRAUX, André, *Les noyers de l'Altenburg,* in *Œuvres complètes,* II. Éditions Gallimard, Pléiade, 1996: 25. Juni

MARC AUREL, *Pensées pour moi-même.* Éditions Germer, Baillière, Paris, 1876: 7. Februar
– Altes Gebet, zugeschrieben: 14. Februar

MARX, Karl, *Die deutsche Ideologie.* Dietz Verlag, Berlin, 1960: 19. August

MELEAGROS von GADARA, in *Anthologie grecque,* V. Éditions Les Belles Lettres, 1941: 6. Januar

MENUHIN, Yehudi, *Courrier de l'Unesco,* 11/1995: 13. August

MERTON, Thomas, »Un avec toi«, in *Prier, l'aventure spirituelle,* Nr. 308: 1. Dezember

MILLER, Henry, *Dimanche après la guerre.* Éditions Stock / Chêne, 1977: 11. Januar; 9. November

MONGET, Yannick: siehe PELT

MONTAIGNE, Michel de, *Essais.* PUF, 1965: 20. Februar; 13. Mai; 21. Oktober; 6. November; 25. Dezember
– Motto: 2. April

MONTESQUIEU, *Pensées,* in *Œuvres diverses.* P. Pourrat, Paris, 1834: 15. Juni

MONTESSORI, Maria, Inschrift auf einem Denkmal in Caen: 29. März

MORIN, Edgar, *Vers l'abîme?* Éditions de l'Herne, 2007: 12. Februar; 4. Dezember

NEWTON, Isaac, in David Brewster, *Mémoirs of the life, writings and discoveries of Sir Isaac Newton.* T. Constable, Edinburgh, 1855, II: 28. Dezember

NIETZSCHE, Friedrich, *Also sprach Zarathustra,* in *Kritische Gesamtausgabe,* hrsg. von G. Colli und M. Montinari. Walter de Gruyter, Berlin, I, 1968: 18. Februar; 8. März; 1. Mai
– *Jenseits von Gut und Böse,* in *Kritische Gesamtausgabe,* hrsg. von G. Colli und M. Montinari. Walter de Gruyter, Berlin, II, 1968: 9. August; 12. Oktober
– *Der Wille zur Macht,* in *Kritische Gesamtausgabe,* hrsg. von G. Colli und M. Montinari. Walter de Gruyter, Berlin, 1968: 26. Dezember

NOVALIS, *Die Lehrlinge zu Sais,* in *Schriften,* hrsg. von P. Kluckhohn und R. Samuel. Wissenschaftliche Buchgesellschaft Darmstadt, I, 1960: 15. Januar

ORSENNA, Érik, *Les chevaliers du subjonctif.* Éditions Stock, 2004: 3. März

PANERO, Leopoldo, in *Anthologie bilingue de la poésie espagnole.* Éditions Gallimard, Pléiade, 1995: 11. Dezember

PASCAL, Blaise, *Pensées.* Librairie Générale Française, 1972: 3. April
– *Pensées sur la religion.* Guillaume Desprez, Paris, 1670: 12. September
– in Schwester Emmanuelle, *Vivre, à quoi ça sert?* Éditions Flammarion, 2004: 22. Februar

PAUL VI., *Encyclique populorum progression,* in *La Vie,* Nr. 3284, 7.–20.8.2008: 14. November

PÉGUY, Charles, *Pensées* in *Œuvres en prose complètes,* 1. Éditions Gallimard, Pléiade, 1986: 15. Juli

PELT, Jean-Marie und MONGET, Yannick, *Demain la terre.* Éditions de La Martinière, 2006: 10. Februar

PENA-RUIZ, Henri, *Le roman du monde.* Éditions Flammarion, 2001: 30. Dezember

PESSOA, Fernando, *En bref.* Éditions Christian Bourgois, 2004: 30. Januar; 5. Juni

PICARD, Max, *Le Monde du silence.* PUF, 1954: 9. April

PIRANDELLO, Luigi, *La volupté de l'honneur.* Éditions Gallimard, 1977: 16. März

PLATON, in Enzo Bianchi, *Les mots de la vie intérieure.* Editions du Cerf, 2001: 17. August

PLOTIN, *Ennéades.* Éditions Les Belles Lettres, 1991: 20. April

POUND, Ezra, *Cantos.* Éditions Flammarion, 1986: 24. November

PRIGOGINE, Ilya, *La fin des certitudes.* Éditions Odile Jacob, 2001: 15. Dezember

PROUST, Marcel, *La prisonnière,* in *À la recherche du temps perdu.* Éditions Gallimard, Pléiade, 1988: 21. April

PUBLIUS SYRUS, *Sententiae falso inter publilianas recetpae.* www.thelatinlibrary.com: 4. März

RABELAIS, François, *Pantagruel,* in *Œuvres complètes.* Éditions du Seuil, 1973: 15. März

RABHI, Pierre, *Du Sahara aux Cévennes.* Éditions Albin Michel, 2002: 23. April

RAMOS ROSA, Antonio, in *Anthologie de la poésie portugaise contemporaine.* Éditions Gallimard, 2003: 25. Januar

REEVES, Hubert, *L'espace prend la forme de mon regard*. Éditions l'Essentiel, 1995: 22. Januar
- *Intimes convictions.* Presses de la Renaissance, 2000: 22. März
- *Chroniques du ciel et de la vie.* Éditions Seuil, 2005: 15. und 21. August
- *Patience dans l'azur.* Éditions du Seuil, 1988: 16. Januar

RENARD, Jules, *Journal*. Éditions Gallimard, Pléiade, 1965: 7. April

RICŒUR, Paul, *Vivant jusqu'à la mort, suivi de fragments*. Éditions du Seuil, 2007: 29. Januar
- *Parcours de la reconnaissance.* Éditions Stock, 2004: 16. Juli; 14. August; 24. und 25. September

RILKE, Rainer Maria, in Enzo Bianchi, *Les mots de la vie intérieure*. Éditions du Cerf, 2001: 19. Oktober

ROLAND, Manon (genannt Madame), in Marianne Cornevin, *Liberté, que de crimes on commet en ton nom!* © Éditions Maisonneuve & Larose: 31. Mai

ROSTAND, Jean, *Pensées d'un biologiste*. Éditions J'ai Lu, 1973: 21. Mai

ROUSSEAU, Jean-Jacques, *Du contrat social*. Mourer und Pinparé, Paris, 1797: 22. Mai

SACHS, Nelly, *Fahrt ins Staublose, Die Gedichte der Nelly Sachs*. Suhrkamp Verlag, Frankfurt a. M., 1961: 28. August
- *Suche nach Lebenden, Die Gedichte der Nelly Sachs.* Suhrkamp Verlag, Frankfurt a. M., 1971: 10. Dezember

SAÏD, Edward W., *Culture et impérialisme*. Librairie Arthème Fayard, le Monde Diplomatique, 2000: 23. Dezember

SAINT-EXUPÉRY, Antoine de, *Lettre à un otage*, in *Œuvres*. Éditions Gallimard, Pléiade, 1959: 26. September
- *Le petit prince*, in *Œuvres*. Éditions Gallimard, Pléiade, 1959: 13. November

SARAMAGO, José, *Comment le personnage fut le maître et l'auteur son apprenti*. Éditions Mille et une nuits, 1999: 19. Mai
- *Tous les noms.* Éditions du Seuil, 2001: 18. August
- *La lucidité.* Éditions du Seuil, 2006: 1. Juli; 6. August
- *Le dieu manchot.* Éditions du Seuil, 1995: 24. August

SCHOELCHER, Victor, in Valérie Dupuy, *Les mots pour combattre le racisme*. Éditions Milan, 2007: 9. Juni; 7. Juli

SCHOPENHAUER, Arthur, *Aphorismen zur Lebensweisheit*. Reclam, Stuttgart, 1986: 16. August

SENECA, *De la vie heureuse*, in *Œuvres complètes*. Éditions Hachette, Paris, 1905: 23. Januar
- *Lettres à Lucillius*, in *Œuvres complètes*. Éditions Hachette, Paris, 1905: 17. Juli

SERRES, Michel, *Le tiers-instruit*. Éditions François Bourin, 1991: 28. Januar; 5. März
- *Éclaircissements.* Éditions Flammarion, 1994: 28. März
- *La guerre mondiale.* Le Pommier, 2008: 24. Mai

SHAKESPEARE, William, *Hamlet* in *Œuvres complètes*. Éditions Gallimard, Pléiade, 1959: 4. Februar
- *Sonnets.* Éditions Gallimard, 2007: 7. Oktober
- *La tempête*, in *Œuvres complètes*. Éditions Gallimard, Pléiade, 1959: 5. Januar

SMITH, Adam, *An inquiry into the nature and causes on the wealth of nations*. Hackett Publishing, 1993: 10. Juli

SOKRATES: 17. März; 24. März

SOLSCHENIZYN, Alexander, *Nobel lecture*. Fondation Nobel, 1970: 30. Mai

SOPHOKLES, *Oedipe Roi* in *Tragiques grecs, Eschyle, Sophocle*. Éditions Gallimard, Pléiade, 1967: 17. Juni; 5. Juli
- *Antigone* in *Tragiques grecs, Eschyle, Sophocle*. Éditions Gallimard, Pléiade, 1967: 25. August

SOUZENELLE, Annick de, in *La Vie*, Nr. 3312, 19.–25.2.2009: 29. November
- in *Écologie, spiritualité: la rencontre*. Éditions Yves Michel, 2007: 7. Dezember

SPINOZA, Baruch de, *Traité politique*. Éditions Garnier-Flammarion, 1966: 16. Mai
- *Éthique*, in *Œuvres de Spinoza*. Charpentier, Paris, 1842: 5. November

STENDHAL, *Mémoires d'un touriste*. Le Divan, Paris, 1929: 19. April
- *De l'amour.* Éditions Gallimard, 1992: 10. September

SZYMBORSKA, Wisława, *Dans le fleuve d'Héraclite*. Éditions La Maison de la poésie Nord-Pas-de-Calais, 1995: 7. September

TALLEYRAND, *Mémoires apocryphes*, Le Figaro, 1891: 14. Juni

TERESA (Mutter), *L'amour, un fruit toujours de saison*. Éditions du Roseau, 1986: 11. Oktober

THERESA von AVILA, *Œuvres complètes*. Éditions du Cerf, 1995: 3. Dezember

THOMAS von KEMPEN, in Alberto Manguel, *Une histoire de la lecture*. Éditions Actes Sud, 1998: 13. März

THOMAS von AQUIN, *Somme théologique*. Éditions du Cerf, 1985: 8. August

THOREAU, Henry David, *Journal,* in Kenneth White, *Le Plateau de l'albatros*. Éditions Grasset, 1994: 11. März

TRANSTRÖMER, Tomas, *Baltiques*. Éditions Gallimard, 2004: 18. März; 3. Mai

VANEIGEM, Raoul, *Avertissement aux écoliers et lycéens*. Éditions Mille et une nuits, 1998: 11. Februar

VIRGIL, *L'Énéide*. Librairie Générale Française, 2004: 12. Januar; 26. Februar
– zugeschrieben: 5. Mai

VOLTAIRE, *Discours en vers sur l'homme* in *Œuvres complètes*, 3. Th. Desoer, Paris, 1817: 14. April
– *Lettres inédites,* zusammengestellt von M. de Cayrol. Didier et Cie, Paris, 1857: 6. September

WATZLAWICK, Paul, in Enzo Bianchi, *Les mots de la vie intérieure*. Éditions du Cerf, 2001: 2. Oktober

WEIL, Simone, *La pesanteur et la grâce*. Éditions Plon, 1988: 21. Februar; 9. Mai; 29. Juli; 19. November
– *La connaissance surnaturelle*. Éditions Gallimard, 1950: 28. September

WELLS, Herbert George, *The outline of history,* 2. Barnes and Noble, New York, 2004: 3. Juli

WHITE, Kenneth, *Les affinités extrêmes*. Éditions Albin Michel, 2009: Anhang

WIESEL, Elie, *Mémoire à deux voix*. Éditions Odile Jacob, 1995: 1. April; 5. August
– in *Les textes fondamentaux de la pensée juive*. Le Point, Hors Série, Nr. 16: 7. August
– in *Le partage*. Éditions Grasset, 2004: 20. September
– zugeschrieben: 12. Mai

WILDE, Oscar, *Le portrait de Dorian Gray*. Librairie Générale Française, 2001: 18. April

WITTGENSTEIN, Ludwig, *Tractatus logico-philosophicus,* in *Schriften*. Suhrkamp Verlag, Frankfurt a. M., VI, 1960: Nachsatzblatt; 26. November

WORDSWORTH, William, *Poems*. C. S. Francis & Co., New York, 1855: 20. Juli

YEATS, William Butler, *The collected poems of W. B. Yeats*. Wordsworth, Poetry Library, 2000: 27. November

ZAMBRANO, Maria, *L'homme et le divin*. Éditions José Corti, 2006: 20. November

ZWEIG, Stefan, *Vierundzwanzig Stunden aus dem Leben einer Frau,* in: *Meistererzählungen*. S. Fischer, Frankfurt a. M., 2006: 16. Juni

Die Autoren widmen dieses Buch all den Menschen, die zu seiner Verwirklichung beigetragen haben in Deutschland, Österreich, Belgien, Dänemark, Spanien, Frankreich, Großbritannien, Griechenland, Ungarn, Island, Italien, auf Malta, in Norwegen, den Niederlanden, Portugal, Polen, Rumänien, Russland, Slowenien, der Schweiz, der Tschechischen Republik und im Vatikan:

Alexandre **A**hr und Juliette Jaccard in Lausanne, Graham, Nicda, Ross und Mhairi, Alexander in Braemar, Pater Alexandros auf Patmos, Sophia Alikari auf Tinos, Pater Aloïs und Bruder Nicolas in der Kartause von La Valsainte, Alphonse Allaman genannt Fonfon in Charmey, der Familie Arlotti in Aix-en-Provence, Manuel Auguita Palma in Albunuelas, Etienne und Ann Auvrai in Paris, Anouk Avons mit Christophe und Angèle in Die, Alphonse **B**achman in Charmey, Anne Marie Beeren-Orsos in Amsterdam, Annalisa Beltrami in Bern, Luce Bercovici in Paris, Pater Bianchi und Bruder Lino im Kloster von Bose, Lamprini Bitali auf Tinos, Jennifer Blum in Paris, Marc, Corinne, Margot, Lea und Nefeli Bodmer auf Patmos, Alfronzo Bonetti in Napoli, Chrystèle, Raymond und Clarisse Bonnefond in Noyer, Virginie de Bochgrave in Brüssel, Stéphane Buchs und Sophie in Moléson sur Gruyères, Paul und Anne-Marie **C**arrey in Charmey, Famille Philippe Castella und der kleinen Marie in Pâquier, Kelly Charpentier in Saintes-Maries-de-la-Mer, Venda, Andrea und Sofie Choutkovi in Jablonec, Lydie Claitte in Saintes-Maries-de-la-Mer, Françoise und René Collet in Paris, Pater Eftmios Contsamellos auf Patmos, Gino Maria Coppa-Solari und Natalia in Rom, Cavalier Cosmo, Enza Palmisano, Salvo Ranno und Ivan Diemanuece in Catania, Domenico Criséo und Sally Morisset in Paris, Laurent **D**énenreud und der Alphorngruppe »Echo von Moléson«, Marie und Agnès Déom in Genf, Sylvie und Krzysztof Derdacki in Lódz, Nelly Dhoutaut in Paris, Torgeir Dolven, Kristian Karlsen, Bjørn-Erik Tveiten in Risør, Adeline Dubois, John Duff in Braemar, Claude Dumas, Seelsorger für das fahrende Volk, in Toulon, Gil Dumas in Neuchâtel, Arnold Dumas in Villaraboud, der Domverwaltung in Florence, Frédéric **F**abi, Direktor des Tourismusbüros in Saintes-Maries-de-la-Mer, mit seinem Team, Alma Fakhre Mecattaf in Paris, Yannick Fanti in Paris, Véronique de Folin und Arnaud de Brosses in Paris, Marck und Miggie Föllmi in Zürich, Yvan und Pema Föllmi in Annecy, Bernard und Geneviève **G**achet in Annecy le Vieux, Emile und Cécile Gachet in Charmey, Vincent und Tania Gachet in Charmey, Accolla Gimaseppe mit Bonaiovanni Yiuseppe, Bruno Salvatore, Gallia Gioacchino, Concetto, Totaro Elio und Secta Maria, Benito Pupillo in Siracusa, John und Yetta Goelet in Sandricourt, Marie Pierre Gourragne in Saintes-Maries-de-la-Mer, Pater Nicodimos Grillis im Johanneskloster auf Patmos, Hervé und Cécile Guilhem in Chatelard, Florence Guillaume und ihrer Familie in Saintes-Maries-de-la-Mer, Even Gullaksen in Bergen, Emmanuelle **H**alkin und Julien Payenneville mit Pema in Paris, Rikke Halskov und Allan Grønbæk mit Vigga in Skegan, Tryggvi Hansen, Delphine, Vincent und Lana Helle Gachet in Thônes, Julianna Hellingsgaard auf den Färöer-Inseln, Rebecca Hobart in Braemar, Huan und Alba in Granada, Papadimitrioy **I**liae in Panormos, Pater Ilias auf Patmos, dem Panhellenischen Institut Mariä Verkündigung auf Tinos, Martine Jaccard und Jean Daniel Hostettler in Lausanne, Jean Jalbert in la Tour du Valat, Brain Jamieson in Braemar, Anne Marie Jaussaud in Arles, der Familie Jensen in Sonderborg, Pater Panteleiman **K**aralis im Johanneskloster auf Patmos, Kati und Nikolas Kollaros in Panormos, Sozoula Konstanta auf Patmos, Helen Kottorou auf Patmos, Toto **L**amonica in Catania, der Familie Lamouroux und dem ornithologischen Park in Saintes-Maries-de-la-Mer, Herrn Lancelé auf Château du Bois in Lagarde d'Apt, Arne und Dominique Landini-Hodalic in Ljubljana, Hélène und Bernard Larose in Rom, Philippe und Patricia Lavorel in La Balme de Sillingy, Dorothea und Luis Leitner in Admont, Patrick und Juliana Lenoël in Mailand, Edwige Lenoël in Genua, Marie Constance Lenoël und Simone Robusti mit Calypso in Genua, Line Lindegren Roed und Thit in Skegan, Bibi Lindegren, Valdemar und Martinus in Skegan, Isla und Alisa Long in Braemer, Calum **M**acAllister in Schottland, John Macpherson in Braemar, Anne Marie Maillard in Charmey, Rémi, Stéphanie, Lou und Gabin Marquetti in Lyon, Belen Martinez in Granada, der Familie Mauro in Florence, Melianos Matthaios von der kirchlichen Schule auf Patmos, Grace McClung in Hollywood, Despina Meliau auf Patmos, Edward Merxhani in Paros, Tillie und Michèle in Saintes-Maries-de-la-Mer, Frau Mihet und Herrn Radu im rumänischen Tourismusbüro in Paris, Gitte Moeller in Copenhagen, Adelina Molin in Venedig, Hugo Af Morgenstiema in Gotland, Bettina Münch-Epple in Berlin, Olga Tamayo Munoz in Granada, Houda **N**aili in Paris, Schwester Nicodème in la Tour du Valat, Pater Nicolas und Pater Thomas vom Kloster Admont, Anne-Marie Niquille, genannt Cocolette, in Charmey, Nicole Niquille in Charmey, Jean Niquille, genannt Djan »Nê«, in Charmey, Nieves in Granada, Craig Nisbet in Braemar, Ingi Gunnar **Ó**lafsson und der Blue Lagoon in Grindavík, Wivi und Niels Ole Thomse in Skegan, Daniel und Garcia Ortega in Granada, **P**aola in Granada, Dorin und Maria Paraschiv in Starchiojd, Léonard und Thérèse Pasquier in Charmey, Nino Peirantonio und Alice Costa in Venedig, Marina Petraki auf Patmos, Dritsa Popi auf Patmos, Sabrina, Sylvie und Marie **R**enard in Saintes-Maries-de-la-Mer, Françoise Repond in Charmey, Jean-Pierre Repond in Charmey, Salvatore Rizza in Syracuse, Marina del Rocio in Granada, Jens Roed in Skegan, Line L. Roed, Thit, Rie und Lili in Handewitt, der Familie Rogger von der Berghütte Pian di Cengia in den Dolomiten, Herrn **S**alazar und dem Empfangskomitee im Kloster Fontenay, Pastor Cecil Schmalkuche, Roger und Danièle Seguy in Pugnac, Deborah und Hosanna Sicard in Saintes Maries de la Mer, Alexandre, Sandra und Eliott Spalaikovitch, Bjørn **T**hrane mit Per O. Mostraum, Nils Eikemo, Truls Ringø, Linn Mostrøm, Nina Dkregrov in Gurvanden, Marta Torres in Granada, Stella Triantafillou in Paros, der Sinti- und Roma-Band in Saintes-Maries-de-la-Mer, Dominique und Philippe **U**llens in Tervuren, Martine **V**an der Rest in Brüssel, Vito Venrealla in Alberobello, der Familie Vionnet in Saint Julien, Madeleine Viviani in Bern, Ursula und Daniel Vollenweider in Genolier, Evelyne und Costa Vrousos in Saint Ismier, Hubert **Y**onnet in Saintes-Maries-de-la-Mer.

Die Autoren danken ganz besonders:

Varunee Skaosang und Wen Yutao für die Fotoassistenz,

dem Team im Atelier Föllmi: Emmanuelle Courson, Marion Franck, Stéphanie Lopes, Corinne Morvan-Sedik, Nicolas Pasquier, Sophie Pouly

sowie dem Team bei Éditions de la Martinière: Emmanuelle Halkin, Dominique Escartin, Cécile Vandenbroucque und Marianne Lassandro

SAGESSES
DE L'HUMANITÉ

Die Weisheit des Abendlandes ist einer der sieben Bände des humanistischen Projekts *Weisheit der Menschheit*, das sich vom spirituellen und philosophischen Erbe der Menschheit inspirieren lässt.

Folgende Bände sind in der Reihe bereits erschienen:
Die Weisheit des Buddhismus – Tag für Tag
Die Weisheit Indiens – Tag für Tag
Die Weisheit Afrikas – Tag für Tag
Die Weisheit Lateinamerikas – Tag für Tag
Die Weisheit Asiens – Tag für Tag
Die Weisheit des Orients – Tag für Tag

Das Projekt *Weisheit der Menschheit* konnte 2003 dank der Großzügigkeit eines anonymen Spenders sowie mithilfe von Lotus und Yves Mahé ins Leben gerufen werden.

Danielle und Olivier Föllmi haben gemeinsam die Organisation HOPE gegründet, die sich für die Förderung der Bildung in der Welt einsetzt.
www.hope-organisation.com

Dieses Projekt steht unter der Schirmherrschaft von

sous le patronage de la commission Suisse pour l'Unesco

Titel der Originalausgabe: *Sources. 365 clés de la pensée occidentale*
Erschienen bei Éditions de la Martinière, Paris, 2009
Copyright © 2009 Éditions de La Martinière, Paris /
Éditions Föllmi, Annecy, Frankreich

Deutsche Erstausgabe
Copyright © 2009 von dem Knesebeck GmbH & Co. Verlag KG, München
Ein Unternehmen der La Martinière Groupe

Umschlaggestaltung: Fabian Arnet
Redaktion und Satz: Sieveking GmbH, München
Druck: Loire Offset Titoulet, Saint-Etienne
Printed in France

ISBN 978-3-86873-130-9

Alle Rechte, insbesondere das Recht der Vervielfältigung und Verbreitung, vorbehalten. Kein Teil des Werkes darf in irgendeiner Form (durch Fotokopie, Mikrofilm oder ein anderes Verfahren) ohne schriftliche Genehmigung des Verlags reproduziert oder unter Verwendung elektronischer Systeme verarbeitet, vervielfältigt oder verbreitet werden.

www.knesebeck-verlag.de